我的鑽石人生

林沖回憶錄

林沖 口述
吳思薇、王善卿 著
林文淇 策畫主編

目錄

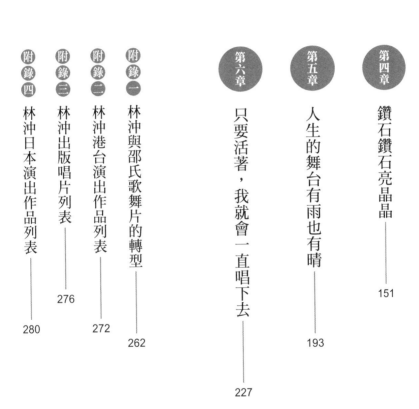

推薦序

華風文化總監　劉國煒

一九九四年在台北國際會議中心舉辦「老歌情未了——懷念金曲演唱會」，是我與林沖大哥的第一次合作，在老歌手中，他是很特別的一位，因為當年的歌手沒人像他載歌又載舞，那招牌的換衣秀配上特別口音唱著「鑽石鑽石亮晶晶，好像天上摘下的心……」，台下的老粉絲瘋狂尖叫，讓我留下深刻印象。

林沖大哥初中時看到蔡瑞月老師的舞蹈表演深受吸引，之後與蔡瑞月老師習舞，扎實的舞蹈基礎為日後進軍影壇打下堅固基石；一九五五年受邀參加《黃帝子孫》演出，歷經「台語片」、「國語片」及「廈語片」的銀幕洗禮，雖因父親反對，外放日本求學，卻幸運地在人才濟濟的日本「寶塚」被捧為華人新星，歌舞劇《香港》一炮而紅，之後橫跨歌舞劇、電視、電影、唱片四大領域。

一九六七年參加韓國漢城第一屆亞洲歌唱大賽奪冠，將舞台轉往香港，他特別的表演形式在香港夜總會掀起狂潮，邵氏力邀拍攝電影《大盜歌王》，一夕走紅香江。

影藝之路充滿驚奇的林沖大哥，疾病卻來插一腳，二〇一二年發現罹癌，猶記在國父紀念館的「群星歡唱五十年金嗓金曲演唱會」，演出前剛完成最後一次療程，視舞台比生命更重要的他，當音樂響起，那一刻歌聲完勝病痛，閃耀的「鑽石歌王」又重現舞台。演出後林沖大哥提及「我年紀不小了，有好多照片資料，以後要怎麼辦呢？」，之後開始著手整理他堆積如山的相本，那一本本在日本、香港發展時所留下的風光紀錄！

二〇一三年紅樓「我們的故事我們的歌——資深音樂人口述歷史特展」，首次將林沖大哥珍藏的文物、照片對外發表，爾後分別於二〇一六年及二〇一八年將相關資料捐贈給香港電影資料館及臺灣音樂館典藏及研究，並於二〇一六年在中山堂如願舉辦了「鑽石亮晶晶——林沖演唱會」。

除了演出合作外，我經常向林沖大哥請教日本的藝能資訊。二〇一三年小林幸子來台開唱，當年他在日本哥倫比亞唱片公司灌錄唱片，與小林幸子（十歲天才少女歌手）同為唱片公司年度推薦新星，我們把握這難得演出，一起欣賞小林幸子華麗的服裝及舞台效果，也為節目編排交換意見；另外，日本寶塚劇場是他最難忘的初登台，二〇一八年寶塚歌劇團來台，在國家戲劇院演出，我們一同前往觀摩，演出前他為我介紹寶塚的歷史及節目特色，結束後更耐心地為我解說舞台上的各種細節。

二十多年的合作，林沖大哥總維持著帥氣與熱情，他跟我說「當藝人就應該把自己的狀態保持好」，所以任何時間看到他，一定都是帥氣的打扮，就連生病的樣子也不馬虎；二〇二一年三月期待已久的傳記出版，林沖大哥藝壇的紀錄再添一筆，繼續熱力唱著招牌歌曲「鑽石鑽石我愛你，鑽石鑽石我愛你，我愛鑽石光芒長！」

主編序

國立中央大學文學院院長 林文淇

原以為《我的鑽石人生：林沖回憶錄》這本書的出版再容易不過，沒想到竟然還是經過了整整兩年又三個月的功夫。

二〇一八年十月，我策畫並由陳亭聿執筆的《妖姬、特務、梅花鹿：白虹的影海人生》與台南藝術大學合作舉辦新書發表會，現場林沖一襲白褲白夾克出席擔任嘉賓，與也是一身白的主角白虹相互輝映，還有另一位台語片資深演員洪明麗共同出席，歲月一點沒有稍減他們大明星的風采，發表會現場閃到不行。

致詞時，我提到中央大學電影文化研究室會努力，讓資深電影明星們精彩的生平故事不被社會遺忘。會後，忘了是誰開玩笑提出，今年白虹的書出版林沖是嘉賓，明年換林沖出書就請白虹來當嘉賓！這種場面話，聽在華風出版社劉國煒先生與我兩個行動派的耳裡，豈是開玩笑，正是一拍即合的共識！當下就定下了來年出版林沖回憶錄的計畫。

由於林沖在日本寶塚時期的經歷是他演藝生涯重要的關鍵，透過國家電影中心王君琦執行長的推薦，我們很快找到曾經合著《寶塚流：戲劇、音樂、服裝》的王善卿與吳思薇來執筆。在第一次的工作會議，就確定在深度訪談整理的自傳之外，透過補充的方式，提供與林沖生平有關的背景資訊，包括重要的人物與機構及歷史等。

然而，我們過度樂觀了。林沖豐富的一生怎麼可能在一年時間內化為一本方冊！每次訪談所整理出來的文字必須仔細梳理，查找資料去確認記憶無誤。章節的編排與口述事件的選擇，讓回憶錄不僅是對過去經歷的重述，也是一生意義的重塑，這對林沖以及兩位作者而言都是極大挑戰。善卿與思薇為求所寫的內容正確，還親赴日本去查考。很快我們就決定不讓過度樂觀的期限影響回憶錄的品質。

儘管這期間還有前所未有的新冠肺炎疫情來攪局，兩度讓台北書展停辦，所幸兩年後，林沖回憶錄的書稿順利完成。這個宛若創生的過程，多虧有文化部的研究出版經費補助，還有劉國煒先生多方大力協助。書中大量的照片除了林沖自己的收藏外，不少都是劉國煒先生無私提供。兩年來，我們與傳主林沖之間的聯繫，也多虧有他居中傳達，讓我們得以專心在內容的撰寫編輯。

我也要感謝中央大學出版中心王文俊主任與李瑞騰總編輯對這本回憶錄的認可。由於台灣電影史研究匱乏，電影明星的口述回憶同時也就是台灣電影的歷史。本書是以歷史研究的態度去仔細重建林沖的一生，能夠由中央大學出版中心來出版，具有非凡的意義，也鼓舞我們持續與資深影星合作，保存珍貴的電影歷史記憶。

王善卿與吳思薇兩位作者大概始料未及，這本書會讓她們拿一點點稿酬就投入兩年的時光。在此感謝她們燃燒熱情來成就這本書。中大出版中心的王怡靜小姐是本書得以順利透過公部門採購流程仍維持高規格編印品質的最大功臣。

林姵菁、陳亭聿、吳若綺三位是長期合作的伙伴，本書的編輯過程中，多虧有她們提供諸多編輯與行政上的協助。梁雨歆授權本書收錄她精彩的研究論文，讓讀者可以更了解林沖在邵氏歌舞片中明星形象的特質。在此均一併致謝！

最後，要特別感謝林沖大哥。他的高齡歲數、疾病纏身以及身體疼痛，都沒有阻止他二〇一六年與二〇一八年分別在台北與香港舉辦大型演唱會。他抗癌的經歷展現的驚人的生命力，媒體多有報導，已經感動無數人。透過這本回憶錄，我們更可以看見，他對表演的熱愛、持續不懈的的努力以及絕對敬業的精神，活出了足堪我們學習的鑽石生命典範！

作者序

鑽石鑽石光芒長

精心打磨、純淨璀璨的舞台魂

吳思薇

「林沖」這名字常與「鑽石」一詞連在一起，主要是因為他在邵氏的成名作《大盜歌王》中演唱的歌曲〈鑽石〉紅遍大街小巷，將其推至港台一線明星的位置，旺盛人氣直達東南亞，不僅一圓林沖小時候的明星夢，讓他如鑽石般閃耀在演藝圈，更在華人流行音樂史畫下一筆「好似彩虹一模樣」的鮮豔色彩。此後「鑽石」成為他人生最重要的象徵，連帶也讓「香港」成為他在大眾記憶裡面的亮點，而當地至今仍有許多他的粉絲。

不過本書要強調的，並非多數人認識林沖的「起點」——「鑽石歌王」在香港發光發熱之後的萬丈鋒芒，卻是他自身演藝生涯的「原點」，也就是這顆鑽石尚在「原石」狀態下，一路打磨拋光的過程，特別是一九六〇年代前半在日本的發展。關於這段經歷，林沖陸續在媒體上提過一些，但熟知箇中情況的人並不多，充分了解其重要性者更是少之又少。以華人男明星而論，他在日本影、視、劇、歌等多方面的種種成就，至今仍無人能及；遑論他曾親眼目睹或體驗的日本演藝圈盛況，對當時出國大不易的台灣人來說，如同鑽石切面反射出的燦爛絕景，壯觀而目不暇給，就算在今日看來，也依舊有種奇幻的不可思議感。是以本書特地將重點放在「林沖」這顆鑽石的培育基礎（青春時代的藝文陶冶），與琢磨成器的歷程（旅日時期的專業訓練）。這兩者構築了林沖的前半生，也是成就其後半生的關鍵。

林沖父親出身台南鹽埕地區望族，是台灣第一代接觸日式教育體系者，又赴早稻田大學深造；母親則畢業自培育日本現代音樂人才的中心「東京音樂學校」，是「摩登」時代的典型女性。兩人均受過明治維新後西化成果的洗禮，擁有西洋音樂的基本知識和觀賞藝文活動的興趣。如此文化背景，讓林沖在幼時就有機會看到蔡瑞月的現代舞表演，且觀後感想並非「男女共舞傷風敗俗」，而是「男子也能舞出美好」。這種對現代表演藝術的喜好與體認，激發了林沖強烈的表演欲望，促使他向蔡瑞月習舞，獲得踏進演藝圈的利器；以日語溝通的家庭環境則養成他堅強的日語實力，為之後赴日發展打下良好基礎。

如此便不難理解，為何林沖受東寶知名導演菊田一夫提拔，從學生助理成為唯一踏上寶塚舞台的華人男星一事，既可解釋成幸運，亦能視為日本當下「香港熱」與「混血明星瘋」的投射結果，更可謂是大好時機落在準備周全者的身上：東方舞蹈和語言能力的彼此加乘、西化教育的深遠影響，還有個人孜孜矻矻、日復一日的精益求精和努力不懈，不僅開啟林沖在日本的大好星途，也協助他迎向一個更為「現代」的廣大舞台。

何謂「現代」的廣大舞台？透過林沖在「東寶」這個大型娛樂公司的經驗，讀者得以一窺當時東亞最先進的演藝事業體制如何運作：由歌舞教學至服儀梳化、從經紀系統到待人處世，在井然有序、層級分明的專業訓練下，藝人得以逐步累積實力，建立在藝能圈內的人脈與圈外的人氣。若進一步跟隨林沖活躍的足跡，則更像在日本演藝界的盛世走了一遭：彼時掌管東寶演劇部門的菊田一夫，正準備上演首部日語版百老匯音樂劇《窈窕淑女》，而林沖參與的《香港》便是菊田為此所做的先行嘗試；當台灣剛於一九六二年成立第一家電視台時，日本諸多電視台正流行現場直播，包括林沖最常參加的綜藝節目、東亞益智問答節目的始祖《比手畫腳》（ジェスチャー）；在林沖踏入日本歌壇之際，昭和時代的流行音樂（歌謠曲）正要邁向全盛期，樂曲風格開始多樣化；至於林沖開始登上大銀幕的一九六二年，雖然日本電影票房已受電視普及影響而日漸下滑，但他所在的東寶仍持續發行不少叫好叫座的片子，他自身則順利搭上「香港熱」，演出東寶香港系列作中的兩部；連林沖在工作之餘欣賞的歌舞秀，都能一次網羅寶塚、松竹、日劇等多元精采的表演……矗立在林沖眼前的，是當時東亞最頂尖的演藝圈，而他幾乎方方面面都參與到了，成績還挺亮眼。

此外，圍繞在林沖身旁的熠熠星光，也是燦爛得幾乎讓人睜不開眼：越路吹雪、寶田明、三船敏郎、小林幸子……光是列出這些昭和時期巨星的名字，就足以引發不少驚嘆。他們或與林沖同台共演，或與他結為好友，或是帶給他表演上的靈感與啟發。而林沖憑藉自身努力躋身眾星之列，用自己的存在向我們宣告：日本演藝圈的盛世風華，其實離台灣並沒那麼遠。他以嚴格的自我要求與訓練、以及對自身形象的注重與呵護，於短短數年間在異地開拓了一片華麗輝煌的藝能世界；如此前無古人、後無來者的紀錄，應當要記上一筆。更重要的是，他在日本累積的演藝經驗、專業知識與工作態度，正是日後得以在華人圈大紅大紫的堅實養分，為其表演增添一股無人能及的魅力與特色。

簡言之，沒有當初的「日本」，就沒有後來的「香港」，也沒有現在的「鑽石歌王」。因此旅日發展的這段人生，既是林沖本人念茲在茲、期待更多人注意到的艱辛回憶，亦即本書作者希望能為後世研究者留下的貴重記錄。

若以「鑽石」作為林沖演藝生涯的象徵，前面闡述的是鑽石原礦的生成與反覆切割雕琢、打造舞台魅力的過程；接下來要談的，則是這位「鑽石歌王」在人生裡散發出的純淨光芒——對舞台的熱愛，對形象的注重，以及待人熱情又熱心的一面。

第一次在進行訪談的餐廳看到林沖時，印象最深刻的，就是他額前那一絡挑染成亮紫紅色的髮絲，彷彿鑽石發出的耀眼火彩炫光，瞬間躍入眼簾，提醒這位優雅紳士的真實身分。但與現實中的鑽石相比，眼前的「鑽石歌王」更是一位有溫度的「暖男」：他的談吐溫文儒雅，對訪談問題幾乎有問必答，不時還會殷勤地招呼：「要不要吃點什麼？」總是處處關照著旁人的需求，予以體貼的對應。記得有次訪問時間稍微長了點，他特地在我們手裡倒了些薄荷精油，然後要我們跟他一樣搓搓手，把鼻子埋入手中；頓時一股清涼的薄荷味充滿鼻腔，精神也為之一振。

不過，光是傾聽林沖精采的人生經歷，就已經夠興奮了；而他言談中透露出對舞台表演的熱愛與對「美」的追求，則更叫人動容。還記得他講起第一次在台南延平戲院看到蔡瑞月舞蹈會裡男子芭蕾的讚嘆口吻，和拉長的強調語氣：「啊，一個男孩子怎麼可以跳得那～麼美，那～麼漂亮！當時男孩子跳舞會被笑不男不女，但我就喜歡看啊！況且別人能跳，為什麼我不行？我喜歡優雅、美麗的事情，而這些表演實在太美麗、讓人印象太深刻了。」

他愛美，美也總是吸引著他一路精進，使他得以在日本高壓又排外的藝能界闖出一片天，而且到現在都還不斷要求自己：他四處欣賞表演、觀摩學習，讓一舉手一投足都能更顯美好。「畢竟當一個藝人，一定要有魅力，才能抓住觀眾的心啊。」是以就算只唱幾首歌，他也早早就開始準備，構思選曲、動作、服裝等要素，依據場地做出最適合的搭配。為了讓舞台效果更好，他不惜下重本治裝，把演出酬勞都貼進去，就算花的比賺的多，也甘之如飴；為了隨時可以上台，他盡可能做足準備，包括定期重訓、控制飲食、保持得宜體態與充足體力，還有額前那一綹亮色髮絲；為了維護美好的演出形象，他不賭不酒，遠離聲色誘惑，甚至忍痛放棄在日本首度登台的可能，就是不願以負面角色示人。這一切的一切，只因為希望在舞台上亮相的那一刻，呈現出的會是最好的自己；就他看來，這是對人的禮貌，也是表演的基本原則。

林沖對舞台表演的熱愛無庸置疑：以「鑽石歌王」的名號大紅之後，他有十多年都在港台與東南亞一帶當「空中飛人」奔波作秀，看似忙碌不已，他卻不以為苦：「這種生活我滿喜歡，因為聽到觀眾掌聲與尖叫聲就很開心，高興得不得了，我是藝人啊！」他愛極現場表演的感覺，因為可以立刻感受到觀眾的反應；只要歡聲不斷，就是表現好的證明，也是他繼續演下去的動力。舞台是林沖生活的一切，他的義子Kevin（吳台生）曾以開玩笑的口吻提過，林沖是天生的藝人，只管舞台上的事，其他都不在管轄範圍內。也有劇評說過：「林沖是屬於舞台的。」他自己更經常提到：「就算今天台下只有一位觀眾，我也會盡力獻出最好的表演。」

近年來看到許多演藝同輩紛紛凋零，林沖難免感慨良多。然而相較於悄然告別人世，他更希望有個燦爛的落幕：「寧願倒在舞台上。」這種形容若是出自旁人之口，或許多少有些誇飾意味，但就林沖而言卻是最真實、最道地的寫照，不禁讓人想起〈一直唱下去〉（歌いつづけて）這首歌：該曲翻唱自法國知名歌手Dalida在一九八三年推出的生平代表作〈逝於舞台〉（Mourir sur scène），日語歌名則譯為〈一直唱下去〉。歌詞是這樣寫的：

大幕輝煌落下　總有一天會離開這舞台
回憶不斷奔騰　我的人生之幕也將落下
即便難免一死　惟願告別舞台時
能用如雷掌聲　妝點最後的人生

如果可以選擇　我寧願倒在舞台上
倒在燦爛的燈光裡　這才是我最真的渴望
只要活著　我就會一直唱下去
這是我生存的證明

記得某次有幸跟隨林沖參與一場演出：當天他盛裝打扮，早早就來到表演現場，端正地坐在一旁，耐心等待工作人員架設器材、進行彩排；只是看見他手中的拐杖，不免令人擔心昔日的舊傷是否有所影響。眼見表演的時間到了，他緩緩起身，讓拐杖落在一旁，以穩健步伐走上台、站定位。

當音樂一下，整個舞台瞬間因他的存在而亮起來。短短幾分鐘內，他就用渾厚嗓音填滿現場空間，身體隨著旋律輕搖款擺，外套精緻的花草紋樣在迷離燈光裡不時閃爍，把他整個人籠罩在絢麗的光芒中。不禁讓人讚嘆：啊，多耀眼的鑽石，多純淨的舞台魂。鑽石鑽石亮晶晶，我愛鑽石光芒長；但願鑽石歌王一直唱下去，在舞台上繼續綻放他獨有的光亮！

第一章

與初心共舞

緣起

二〇一八年的某天，華風文化創辦人國煒跟我提起舉辦台語歌謠演唱會的計畫。因為二〇一九年是許石老師的百年冥誕，除了慶祝之外，也想將許石老師留給台灣的珍貴遺產做一個回顧，藉由演出，向這位台灣流行音樂史上的重要巨人致敬。

在台灣，許石的創作與他採集保存的地方性民謠，早就因不斷翻唱而成為經典金曲。然而，相較於大家耳熟能詳的旋律，「許石」這個名字的知名度，卻有著不成比例的落差。這或許也是詞曲家的無奈宿命吧。畢竟，在表演藝術的世界中，燈光跟關注總是環繞在幕前的表演者身上。而很遺憾的，劇本家、詞曲家這些極重要的隱形工作者，卻常常被忽略，甚至逐漸被淡忘。

因此，這個計畫馬上就得到許石老師的學生像是林秀珠、劉福助、高義泰等人的支持，我心裡自然也很歡喜大家用演唱會的形式來紀念他。許石老師的第一代學生已經凋零一大半，顏華、黃敏、鍾瑛更是都已經不在人世。文夏前兩年仍能辦演唱會，但終究也已九十高齡。雖然我跟許石老師學習唱歌的時間並不長，可是，我當然也不該缺席。

這個演唱會我是演出者中最年長的。這些年來，我的照片海報、相關報導、文物檔案等已經一批批地進入紀念館、博物館。雖然我的宣傳形象還是當年海報滿秀場的亞洲紅星，但是，歲月浪潮也把我推到「資深前輩藝人」的位置了。這半個世紀間，世事變化太巨大，現在連唱片都不大發了。儘管如此，我的歌迷、粉絲們還是沒有忘記我。雖然大家年紀都大了，只要我有公開的演出，總有人會專程飛回台灣來看我，讓我很是安慰。

距離演出還有很長一段時間，但我因為早期在日本受過訓練，總是習慣早早就開始構思準備，即使只是上台唱個三首歌，也要全力以赴。何況要在這麼多作品中，挑選出既有代表性又適合我表演方式的曲目，的確也需要點時間，不能讓觀眾與歌迷失望。

只是，許石老師

為紀念許石對台語流行歌曲的貢獻，特於其百年誕辰之際，在2019年4月27日於臺北中山堂舉行《2019古早味台語歌曲演唱會～許石．歌謠百年》，邀請曾與許石學習歌唱的知名歌手如劉福助、林秀珠、林沖、高義泰等人演唱許石的代表作。

圖片來源：劉國煒／提供

2019年11月，臺灣音樂館推出《音樂憶像──臺灣旅日音樂人手稿文物特展》，展示日治時期至二戰後十五位曾赴日發展之音樂工作者的相關文物。圖為林沖（左）在展場對觀眾說明他在日本的演藝生涯。
圖片來源：洪子辰／攝

的代表作這麼多，到底要選什麼曲子好呢？我一邊翻著曲目樂譜，一邊隨著旋律輕唱。國煒說為了這個百年誕辰紀念，老師旅美的兒子許博士也會回來共襄盛舉，難得許家手足全員到齊，既然如此，那就選〈夜半路燈〉吧。這是當年許老師與夫人交往時寫給她的歌。歌曲以台南為背景，雖然我跟許老師直接的師生緣很短，但是我們都是如此兢兢業業，努力以求無愧故鄉的人啊！

我找出曲譜，緩步定位，準備開始練習。看著譜線，我還沒有開口，卻先聽到了微小但熟悉的聲音，好像是從記憶深海裡浮現出來的音符，又像是我的心在說話。原來，陳年往事也搭時光機，都從遙遠的過去趕來要參加許石老師的這場盛會。我唱著歌，音符拉出了記憶，也把我帶回到過去。

我跟許石老師都是台南人，小時候我曾在延平戲

台南延平戲院之前身「宮古座」（攝於二戰前）。延平戲院於1977年拆除，改建為延平商業大樓，現為台南真善美劇院。
圖片來源：維基共享資源 https://commons.wikimedia.org/

院看過他的演出。延平戲院的前身叫做宮古座，是日本時代台南重要的演藝活動場所，不但有戲劇、舞蹈、音樂等演出，也播放電影，可說是當時台南人接觸西方現代表演藝術的窗口。重量級日本藝術家如果到台南來，幾乎都會選在這裡演出。宮古座的外觀很氣派，說是參考東京歌舞伎座的建築樣式，外觀跟當時的傳統日本劇場或歐式電影院都不一樣。兩層樓的格局，可以容納一千多人，通風很好，寬敞舒適，還設有廁所。它的舞台很先進，是可以旋轉的大圓盤，差不多有觀眾席那麼大。劇院外的一側有辦公室、演員宿舍、庭院，還有一座小小的神社，供奉狐狸。

戰後，宮古座被政府接收，改名為延平戲院，不過一開始還是繼續以影劇混合戲院的方式經營。那時，甫從日本回來的許石老師就在這兒舉辦發表會。我跟著家裡的大人去，在門口看到有人發歌單，覺得很新奇。其中有首歌叫做〈新台灣建設歌〉，演出到一半時，台上就教唱，然後台上台下大家一起唱，讓我印象很深刻。

雖然我早在小時候就看過許石老師演出，但我直到上了台北後，才真正認識他。一九五五年，我因參加《黃帝子孫》的演出，認識了飾演我妹妹的鍾瑛。唱〈安平追想曲〉走紅的她原本在正聲電台擔任現場演唱，後來跟許石老師學唱歌，並一起錄了《夜霧》專輯。拍《黃帝子孫》外景時，她每天都在車上哼唱〈安平追想曲〉，我當時只覺得她唱的這首歌很好聽，就跟她聊起來。聊著聊著，她提到自己在跟許石老師學唱歌，問我有沒有興趣去上課。我小時候便看過老師的演唱會，加上自己也很想學唱歌，因此在戲殺青之後，就跑去跟許老師上課。不巧那段時間老師主要是教台灣民謠，完全不是我想要學習的音樂類型，因此我上了幾次課後就作罷。現在想想，許老師真是走在時代前端的音樂人。那時候，社會大眾仍不大看重民謠，但是他卻很認真地去採集、記錄與教唱。

我離開許石老師的教室後，繼續拍了幾部電影，就被我父親送到日本去了。儘管如此，我仍然一直記得他，因為許老師不只曾是我的歌唱老師，也是我珍愛的台南童年記憶的一部分。

我的藝術啟蒙

台南發展早，經濟繁榮，因此，藝文娛樂業相當蓬勃。我在延平戲院度過了許多美好的童年時光。除了許石老師的音樂發表會之外，我記得還有吳晉淮的音樂會、林氏好的演唱會以及影響我最深的蔡瑞月老師舞蹈公演。因為我母親很愛藝文活動，我從小就跟著她進入表演藝術的殿堂，開拓視野，並找到自己的天命。一想到與母親共度的日子，心裡總是百感交集，對她有萬分思念。我的母親不只給了我生命，也是我的音樂啟蒙者。因為她，幼小的我才能夠與繆思女神相遇；因為她，我才能從林錫憲變成「鑽石歌王林沖」，成為今日大家所熟悉的我。

我父親是在日本求學時認識我母親的。她是所謂的「女學生世代」，很「摩登」的女孩子。那時候日本講的「摩登」（モダン），就是今天的「現代化」（modern）的意思，主要是指明治維新後受新式教育影響、較為西洋化的生活型態。她是東京音樂學校畢業的，所以小時候她便教我彈鋼琴。東京音樂學校是當時日本培養現代音樂人才的中心，請了好多外國音樂家來任教，還引進各種新式的音樂藝術，所以我媽媽對表演藝術的品味也很現代。她會去看舞蹈演出、聽音樂會、看劇、看畫展等等。她的品味跟喜好影響我很

東京音樂學校為現今東京藝術大學音樂系的前身，是二戰前日本唯一的公立音樂學校，也是明治維新後培育西洋音樂人才的重鎮。校園內的「奏樂堂」則是日本最古老的西式音樂廳，後移至東京上野公園內，被指定為重要文化財。圖為2018年修復完成後的東京音樂學校奏樂堂及其入口之樣貌。
圖片來源：吳思薇／攝

深，是我在藝術和其他美好事物上的啟蒙者。

我父親出身於台南鹽埕地區。那時候的鹽埕區，除農業外還有養殖業，養虱目魚，不過，最主要的產業是製鹽，就是曬鹽。那時候，鹽有專賣制度，我祖父林老火就是從事鹽、糖等專賣事業。我記得我父親說過，他小的時候生活還是很辛苦，祖母還會炸蚵嗲、粿等讓他背著上街去販售，他從小就自己學著做生意。家裡養虱目魚，後來也開始製鹽，慢慢發達起來。祖父在鄉里本就有些名望，因此在日本時代還擔任過保正跟保甲。不過，我出生時，他早已過世，我沒有見過他。我的父執輩大概可以算是台灣第一代接受新教育的人，連我大伯父林全金都是在台灣割讓給日本後才出生的。所以他們都是上國民學校，我大伯父很早就開始協助家裡的事業，隨著家庭經濟環境的改善，從我三伯起，他們兄弟才開始去日本讀書。我三伯父林全忠習醫、我父親則去了早稻田。他們都學商、醫或工程等現代的專業。他們不像我祖父那輩的清代人，都是讀漢書、寫古文。換日本政府統治後，台南還是有很多漢文私塾，也有很多傳統文人，不過因為學校教育的關係，我的父執輩就自然而然搭上現代化的列車了。

在那個時代，台灣跟日本的公立學校都是採用新課程，也就是明治維新時代從歐美考察引入的新式教育制度。其中最特別的就是安排了唱歌課跟奏樂課，唱歌教育是唱西洋歌曲，奏樂科目是學習西洋樂器。我在小學時，就特別喜歡唱歌課。雖然我父親也是受這樣的教育上來的，不過他對藝文活動倒是沒有什麼特別的興趣。他不反對我們看劇、彈琴、看表演，但也就僅止於當成娛樂或休閒。

在那個時代的思想觀念裡，男孩子的發揮空間是理工醫農政商，像我自己的伯叔父、堂兄弟也都是走這樣的路。兒童的我，對於未來並沒有什麼特別的想法，基本上就是照大人說的，社會上能有的選擇也沒有像現在這麼多。如果我沒有選擇表演，大概也會走上我家族男性都走的路。但是，我們常講「天註定」，該遇上的，就會遇上。是命定的人生，就一定閃不掉。

那天，我又跟著家人去看表演。演出者蔡瑞月老師是我姑姑的同學，她剛從日本留學回來，在延平戲院舉辦舞蹈發表會。沒想到，這場公演竟啟發了我對跳舞的熱情，開啟了我的舞蹈生涯。這場公演徹底改寫了我的人生劇本，成為我走上舞台這條路的最起點。

當天劇院擠滿了人，我第一次欣賞這麼特別的舞蹈，大為驚豔。風格有西班牙的、匈牙利的、印度的，多變的造型、豐富的身體動作、旋轉、飛躍，種種舞姿的美感神韻讓我目不轉睛、深受感動。我深深驚嘆舞蹈的魔力，那種純粹、深入靈魂的滿足，讓人煩惱全消。不過，更讓我驚奇的是，居然有男性的芭蕾舞者！我到現在還記得很清楚，那位舞蹈家高洲健，是從日本來的。那天回家之後，驚豔感始終沒有消褪，老師身體的流暢律動跟優美線條映在腦海中，揮之不去。高洲健先生更給了我一個全新的觀念：「原來男人也可以跳舞啊！既然有男性舞者，那我也可以上舞台！」

就這樣，我的身體裡，好像有什麼東西突然活了起來，表演的欲望「嘩」地一下被點燃了，從此再也沒法止熄。就這樣，高洲健先生成為我的榜樣，在我身上埋下了改變我一生的種子，驅使我走上跟家族成員截然不同的路。

滿懷熱情的蔡瑞月老師不但自己積極演出，還開辦了台灣第一家舞蹈研究社，固定開課。那時候，台灣中上層社會已經能接受女孩子去學芭蕾，因為可以培養氣質，所以學生還不少。我媽媽自然就送我妹妹去學芭蕾舞。「蔡瑞月舞踊研究社」最早設在民權路上的「群英會館」裡，那是她們家開的旅社。當時那裡是台南最熱鬧的商店街，而「群英會館」是那條路上唯一的三層樓建築。後來教室搬到進學街、彰化銀行等地。我好羨慕我妹妹可以學舞，於是也偷偷跟著去上課。

我去學舞蹈的事情當然是瞞著我父親的。一方面是那個時候升學的壓力大，我父親自然希望我好好念書，而且我堂哥他們的功課都挺好的，我也不免有同儕壓力。另一方面，在戰後的一九四〇、五〇年代，社會風氣還是滿保守的，一個大男生跑去學舞蹈，會招致非常異樣的眼光。男人當然可以跳社交舞，但是「男舞者」在那個時候還是過度前衛的概念，社會仍沒辦法接受。因此我學跳舞這件事一直不敢讓父親知道。幸好他本來就忙於事業，加上那時已經是戰後，國民政府陸續搬遷到台灣，他正好當上臨時參議員，又接著當選臨時省議員，整天國家與事業兩頭忙，因此都沒發現。

那時候，大人的世界一片混亂。我記得有一天我下課回家，經過圓環時，看到那邊有人死掉，還有彈孔呢！嚇死了。回家跟大人講起我看到屍體的事情，他們好緊張。我雖然聽他們說了一個名字，卻不知道是誰，他們也不准我再多問，非常嚴肅地禁止我再提到這件事，「小孩子不要亂講話！」他們說。

好想當明星

在一九五〇年代台灣的新式表演藝術界，男性大都活躍於音樂界，像我二哥的同學文夏或是鹽水（現今柳營區）那邊的吳晉淮。我二哥曾帶我去中正路的大全成戲院看文夏的音樂大會。大全成戲院在日本時代叫做「世界館」，跟第一全成戲院（全美戲院前身）、小全成戲院（後來的今日戲院）都是台南市的富商歐雲明經營的，歐先生曾創立中華醫事技術學校，也當過省議員，因為那時候戲院是特許行業，不是誰都可以拿到牌照。

文夏家境本來就不錯，加上他家信基督教的關係，常常在教會唱聖歌，所以他父母滿支持他對音樂的興趣。他國小畢業後去東京就學，因為那時候台灣沒有專門的音樂學校，想要學習音樂只能到日本去。他在宮下常雄老師門下接受古典音樂訓練，學習鋼琴、聲樂跟作曲。此外，宮下老師也教他演唱流行歌曲的技巧，以及彈奏夏威夷吉他跟西班牙吉他，所以他不但能唱英文歌曲，還會唱義大利歌劇。

戰後，文夏回到台南，進入台南高商。因為他的父母支持，所以他還是繼續玩音樂。他還找了幾個同學朋友，一起組了一個「夏威夷音樂隊」，常演奏世界名曲還有夏威夷曲調，許文龍也是他的樂友。他們雖然是學生樂團，可是會接表演，像公家機關活動或晚會的邀請，很受歡迎。假日裡，他們有時還會分乘幾艘小船，在台南運河彈奏音樂，那種少年的浪漫瀟灑，引起很多女孩子的愛慕。後來，他還上電台，取了藝名，又作曲，組了團，四處去巡迴登台演唱。後來得到亞洲唱片老闆蔡文華的支持，錄了唱片《漂浪之女》，正式成為歌手。

雖然我身體中也有著強烈的表演欲望，但我必須讀書考試上大學。文夏高二時已經開始接表演，可是我升上高中之後，卻連舞蹈課都必須暫停。台南二中畢竟是以升學為目標的學校，課業重，練舞花去不少讀書時間，只能忍痛放棄。不過我還是幻想著以後可以當明星。有一次下課後，剛好只剩我留在教室內，我就自己跑上講台，在黑板上為我自己取藝名。寫著寫著，寫出了「林冲」這個名字，我還蠻喜歡的，因為念起來簡潔順口，幻想著哪天真的可以用得上。雖然我很早就取好藝名，但是卻一直到接拍《黑貓與

高中時就為自己取好「林冲」這個藝名，希望未來可以用上。
圖片來源：林冲／提供

黑狗》時才正式開始使用。因為我一開始拍片時，還是大學生，而且是政府的宣傳片，並不覺得自己已經進入演藝圈，所以都還是用本名林錫憲。等到我因為在《鬼湖》中短短幾分鐘露臉受到電影圈注意後，我才開始認真思考從事這行的可能性。

那時候片約來了不少，我怕我父親會發現我拍電影，因此就想到了用藝名。而且那時候，很多當紅的藝人都取兩個字的藝名，感覺上，好像兩個字的名字比較容易紅，所以我又想到早就取好的「林冲」。就這樣，我開始用這個藝名拍片。到日本發展時，因為有些日本印刷廠沒有「冲」這字，只有沖繩的「沖」，所以也常被寫成「林沖」。到香港時，邵氏公司有請老師幫藝人算名字筆畫，他們建議我改成「沖」才會紅。就這樣，我在高中時為自己取好的藝名，從此跟了我一輩子。

與蔡瑞月老師再續師生緣

雖然高中生的我知道必須認真讀書考上大學，但是，知易行難。我的興趣實在不在書本上，因此還是落榜了。那時候大學的錄取率很低，所以我父親也沒有太生氣。由於台北的補習班升學率比較高，他決定讓我到台北去準備重考，而且當時我哥哥已經在台北了，可以照顧我。就這樣，我離開了台南，在台北開始了擁有更多個人空間的新生活。

我雖然乖乖地去補習班上課準備重考，但實在不耐煩整天K書。尤其在那個時代，學校跟考試都是填鴨教育，補習班的課表簡直就像軍隊操課，枯燥無聊又單調。每天在補習班，不是填寫就是背誦，心情相當鬱悶。我看著密密麻麻的講義，心裡總忍不住哀號：「難道我這輩子就要這樣，一直埋在我毫無興趣的事情上嗎？我好想像高洲健先生那樣站在舞台上啊！」

一想到未來，我心裡的表演欲望就蠢蠢欲動。後來打聽到蔡瑞月老師在台北也開辦了舞蹈研究社，我就跑去報名，重新開始練舞。大哥疼我，知道我興趣不在讀書，也不說什麼。媽媽則偷偷給我學習費，讓我在台北能安心快樂地發展自己的興趣。我飛出了台南家族人脈交織起來的生活圈，滿心歡喜，以為自己終於自由了，卻渾然不知，那時的台灣上空正籠罩著一團巨大的政治烏雲。

蔡老師的教室設在農安街，附近有一個警察亭。幾年不見，我當時並不知道在那期間，竟有那麼多不幸的事情降臨在老師身上。她先生雷石榆因為二二八事件，被遣送到香港，她帶著幼子卻不被政府允許出國團聚，更沒想到一九四九年她也莫名因思想罪名被逮捕，拘禁在火燒島（現今綠島）三年。那時，她才剛被釋放回來，重新在農安街的舞蹈教

林沖年少時曾向蔡瑞月學舞，但當時他並不清楚，其實蔡瑞月也是白色恐怖的受害者。圖為蔡瑞月（右二）晚年從澳洲回台後與林沖（右一）合影。　圖片來源：林沖／提供

室教舞，教室裡還有一位負責監視的人──「林老師」。剛開始我還天真地以為，這位一天到晚都待在教室裡的人是另外一位舞蹈老師！那時候，警察也時常會來打斷我們上課。有時是盤查家長的身分證，有時則是審問學生問題。不過，即使如此，蔡老師對舞蹈的熱情依然絲毫不減，教舞的語氣還是一樣溫婉柔和，神色也都是平靜優雅。在她身上看不出曾遭受過鬼魅纏身般的恐怖經歷，以及近乎家破人亡的打擊。我那時因為年輕單純，心裡只有學習舞蹈跟考上大學兩件事，對政治跟社會上發生的事情都沒怎麼認真關注。因此，這種干擾雖

然從沒停止過，但是我完全不懂得要去害怕。我只是個來學舞蹈的單純學生啊！

蔡瑞月老師很開心在台北又見到我。那時因社會風氣的關係，學舞的男生極少，即使是像蔡老師這樣知名的舞蹈家，教室裡也只有三個男學生。但是我一點也不在乎社會眼光，因為只有在跳舞時，我才深刻地感受到活力跟喜悅，只要站上舞台，我就什麼都忘了。沉浸在律動中，總讓我好快樂，每個細胞都精力充沛地活著的感覺，實在是太美妙了。

我第一次上舞台是在蔡老師的表演會上，地點是台北第一女中的禮堂。我還記得當時跳的是匈牙利舞，搭配我的女舞伴是蔡老師的第一代學生方淑媛。她跟姐姐方淑華兩人一起跟著蔡老師學舞，也幫忙教室的事，算我的前輩。因為上舞台需要，我第一次上妝，覺得很新鮮。不過，我的初舞台造型很克難，穿的是普通的襯衫與西裝褲，把長筒雨鞋當成馬靴穿。蔡老師的大嫂幫我們做了背心，然後我就綁上頭帶，拿著鈴鼓跳舞。我大哥來看我演出，只說既然喜歡就好好練，叫我加油。有大哥的支持，我也就安心地背著父親，繼續上課。

那時，國防部成立了民族舞蹈推行委員會，開始在全國大力推廣「民族舞蹈」。這是一種結合現代舞及中華古典藝術傳統而發展出來的新舞蹈類型。由於那時候，政府並不支持芭蕾舞或現代舞，因此，整個一九五〇年代，全台到處充滿學習「民族舞蹈」的熱潮。蔡老師的強項雖然是現代舞，但也擔任起委員會的委員職位，協助籌辦民族舞蹈競賽並示範演出。所以，她那時一直在研究如天女散花、宮燈舞等古典舞蹈，還去京劇學校學習水袖、彩帶、傳統身段等等，然後回來教學生。她後來為我編的槍舞，更是我進入日本演藝界的敲門磚。

由於男舞者太少，蔡老師覺得我的外型跟基礎都還不錯，人又高大，就訓練我個人舞蹈，有一天，她突然跟我說：「民族舞蹈比賽快開始了，我給你安排一個山地同胞的舞蹈，比較豪放的，你一個人跳好嗎？」我很意外，但答應了。於是她就開始去編舞，還幫我報名比賽。由於舞蹈中需要一隻野獸道具，我為了效果的逼真，還偷偷地把我父親掛在客廳

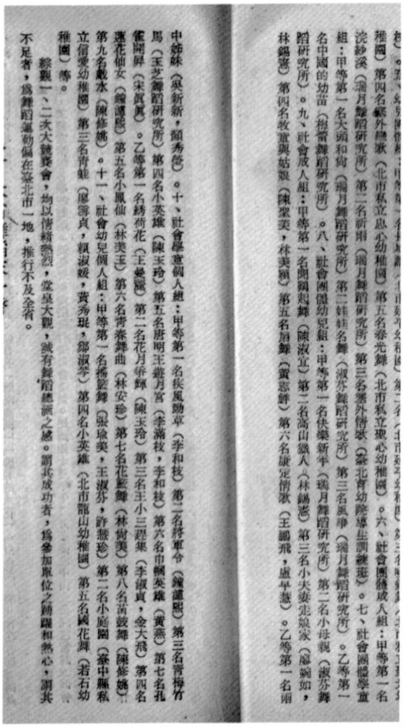
[illegible]
稚園）第四名塞外牧歌（北市私立忠心幼稚園）第五名春光舞（北市私立理心幼稚園）。六、社會團體成人組：甲等第一名
浣紗溪（瑞月舞蹈研究所）第二名祈雨（瑞月舞蹈研究所）第三名塞外情歌（臺北育幼院導生訓練班）。七、社會團體學童
組：甲等第一名大頭和尚（瑞月舞蹈研究所）第二娃娃名舞（淑芬舞蹈研究所）第三名風箏（瑞月舞蹈研究所）。乙等第一
名中國的幼苗（樹德舞蹈研究所）。八、社會團體幼兒組：甲等第一名快樂新年（瑞月舞蹈研究所）第二名小母親（淑芬舞
蹈研究所）。九、社會成人組：甲等第一名閩獨舞（陳淑宜）第二名高山獵人（林錫憲）第三名小夫妻定娘家（廖婉如，
林錫憲）第四名牧童與姑娘（陳聖美，林美麗）第五名扇舞（黃惠靜）第六名康定情歌（王鵬飛，盧早惠）。乙等第一名雨
中姊妹（吳新新，顧秀倍）。十、社會學童個人組：甲等第一名疾風勁草（李和枝）第二名將軍令（鍾滿熙）第三名青
馬（王芝舞蹈研究所）第四名小英雄（陳玉玲）第五名唐明王遊月宮（李滿枝，李和枝）第六名巾幗英雄（黃燕）第七名孔
雀開屏（宋眞眞）。乙等第一名綉荷花（王曼麗）第二名花月爭艷（陳玉玲）第三名王小三趕集（李淑貞，金大飛）第四名
蓮花仙女（鍾滿熙）第五名小鳳仙（林美玉）第六名青春舞曲（林安珍）第七名花籃舞（林尚美）第八名苗鼓舞（陳修
第九名戲水（陳修姚）。十一、社會幼兒個人組：甲等第一名搖籃舞（張琭美，王淑芬，許懋珍）第二名小庭園（臺中縣私
立信愛幼稚園）第三名青蛙（廖舜貞，賴淑媛，黃秀琨，鄧淑琴）第四名小英雄（北市龍山幼稚園）第五名國花舞（若石幼
稚園）等。
綜觀一、二次大競賽會，均以情緒熱烈，堂皇大觀，滿有舞蹈總匯之感。謂其成功者，爲參加單位之踴躍和熱心，謂其
不足者，爲舞蹈運動偏在臺北市一地，推行不及全省。

臺北市文獻委員會於1955年8月發行之季刊《臺北文物》（第四卷第二期）中，關於林沖在民族舞蹈比賽得獎的紀錄。
圖片來源：劉國煒／提供

椅子上的真獸皮拿過來當道具材料。最後，我果然不負期望地得到舞蹈比賽社會成人組甲等第二名，也跟同學廖婉如一起得到甲等第三名。得獎後，我算是得到了認可，以專業舞者的身分出道，並常擔任男主角，跟蔡瑞月老師搭配，一起在大型藝文場所公演。我們合作過好幾次，像是〈胡桃鉗〉、〈天鵝湖〉等等，不過，我印象最深的是在中山堂演出的〈月光曲〉。不但風評非常好，畫面也很美，老師還讚美我打扮起來很像希臘神話裡的男神呢！

這時的我，雖已走上心所嚮往的道路，但是，我知道一定要考上大學才行。這不只是關乎自己跟父親的面子，更現實的考量是，唯有

1955年林沖參加民族舞蹈比賽，拿到社會成人組甲等第二名，又和同學廖婉如一起以〈小夫妻走娘家〉獲得社會成人組甲等第三名。圖為〈小夫妻走娘家〉演出照。

圖片來源：林沖／提供

如此，我才能繼續跳舞。考不上的話，我就會被抓回台南或被安排進某個公司去工作，那就會離夢想更遙遠了。因此，我反而比高中時更認真，讀書跟練舞之外的空檔，我就會跑到植物園裡的台製廠閒逛看明星。就這樣，我認識了魏平澳大哥。他本身是科班出身的演員，當時因為拍《阿里山風雲》而來到台灣，除了演戲，他也常在報刊上寫寫雜文，談論一些電影圈的軼事，我都讀得津津有味。由於魏大哥隻身在台，又大我沒幾歲，對我特別

林沖與蔡瑞月在中山堂表演雙人舞〈月光曲〉的情景，時間約為1956年。
圖片來源：林沖／提供

林沖（右）是1950年代台灣少數的男性舞者。服兵役時，曾以西班牙舞在國軍的康樂大競賽中奪得冠軍。
圖片來源：周世文／提供

好，把我當小老弟看待。他知道我對演藝圈很有興趣，還帶我進片廠去參觀，讓我大開眼界，也更加憧憬演藝事業。

懵然行過白色恐怖

因為有舞蹈社跟台製廠給我的精神滋養，我總算撐過無聊的重考生活，考上了淡江英專的英文系，能繼續留在台北過著我想過的生活。除了上舞蹈課、逛片場，我還到處看演出。我曾在當時最氣派的「三軍球場」看過一位名叫派娜娜的歌手演出。初聽到這名字時，我覺得挺奇特的，因為唸起來像英語的「香蕉」（banana），很有趣。派娜娜不僅人長得漂亮，歌聲又高亢，而且西洋歌與日語歌都很拿手，像菲律賓民謠〈Sitsiritsit〉（又作〈恰利利恰利〉，另有中文翻唱版本，名為〈難抵抗的姑娘〉），以及知名的日本童謠〈狸貓歌〉（日語歌名為〈証城寺の狸囃子〉）等等，所以我對她印象很深刻。我赴日後第一次回台灣演出時，為了要在秀場演唱，還找了幾首日本童謠，請作曲老師幫我串成組曲，而這首〈狸貓歌〉就是組曲中的最後一首。

後來，魏大哥還把我介紹給白克導演。當時他正在籌備拍攝《黃帝子孫》，這算是有

林沖（第二排最左）在生平拍攝的第一部國片《黃帝子孫》中便擔任要角。圖為1955年10月25日《黃帝子孫》劇組開鏡時所攝。
圖片來源：林沖／提供

政治意義的宣傳片，因此安排外省女教師愛上同事的本省籍歸國哥哥這樣的劇情。白導演見了我，覺得我的外型不錯，氣質很適合演劇中的海外留學生一角。我因此很幸運地成了《黃帝子孫》的第二男主角。

這部片是白克導演在台灣拍攝的第一部作品，也可以說是我出道的影片。不過雖然是劇情片，但是目的上算是政令宣導片，所以殺青後片子除了送到海外，也只在全省各地機關學校播放，並沒上院線。因為這算是公家出品的影片，而且

林沖演出《黃帝子孫》之際，並不知道白克導演的人生竟會如此倉促結束，而他更沒料到，自己日後也差點落入與白克相似的處境。2016年，林沖受邀出席國家人權館籌備處舉辦的「白克導演的一生」特展，回憶自己與白克共事的時光，以及白克所遭遇的白色恐怖苦難，不勝唏噓。

圖片來源：林沖／提供

林沖拍攝《黃帝子孫》時所攝。

圖片來源：林沖／提供

我父親當時是議員，所以我能參與演出，他還覺得滿有面子的，當時劇組去台南拍攝時，我父親還很高興地招待大家到當地知名的酒樓「寶美樓」吃飯呢。

白克導演很有才華，聲名大噪之後，卻因此而遭到政治排擠。他不得已離開台製廠，開始參與民營片廠的台語片製作。我還拍過他的另一部主題很正面的片子，叫《五月之戀》，故事環繞在榮民用血汗冒死替後人開闢中橫公路這個建設主軸上。夏琴心那時候還

林沖（中）在拍攝《五月之戀》時與該片女主角夏琴心（左）合影。右為台灣第一位女性攝影記者伊夢蘭。
圖片來源：林沖／提供

叫做陳雪峰，她在片中飾演我的女朋友。我們去中橫公路現場拍了一個多月。我記得拍攝過程中，還遇到蔣經國先生來進行工程進度的視察。那時中橫還沒通車，劇組的車只能開一小段，大家要下來走一大段。中橫公路雖然景色很美麗，但是路途很險峻，讓人不禁感佩榮民的艱辛跟犧牲。

我去了日本後，輾轉聽到白克導演因為所拍的影片票房口碑太好，鋒芒過露，遭到忌妒。那是白色恐怖的時期，他被檢舉「通匪」，就在跟莊雪芳合作的《龍山寺之戀》上映前被逮捕判刑，兩年後被處死，英年早逝。《龍山寺之戀》是由新加坡的知名女星莊雪芳主演，聽說她因為跟白克的合作受到波及，差點也被拘留，後來不知運用什麼關係解決，才能出境，之後有好幾年都不敢再來台灣。

一九六七年，我接受駐外單位的安排，代表我國參加南韓第一屆亞洲歌唱大賽。我那時很喜歡楊三郎先生的〈思念故鄉〉，因此便拿這首曲子作為我的競賽曲，當然在那時代還沒有版權的觀念，所以，我就自己重新填入新詞，把歌名改為〈故鄉之歌〉，好友劉錦士則幫忙順稿，結果得到大賽冠軍。同時，這場比賽也把我帶往事業的第二個高峰，可說是開展我與香港深厚緣分的一個重要契機。〈故鄉之歌〉奪冠的光環把我的事業帶回到故鄉。那時，台北的「豪華酒店」邀請我去演出，我被安排住在第一酒店。剛好那時候凌波也到台灣來，我們住同一旅館。她本來就是萬人迷，加上又得過金馬獎演員特別獎，她的粉絲影迷搶著一睹她的丰采，每天都好多人在排隊等著看她，連我媽媽都跑過去。我又好笑又好氣，但心裡好羨慕，也暗暗自許要繼續更加努力，希望以後也成為巨星。這段時間，我也

林沖在台灣的首張專輯《故鄉之歌》是一張國日語專輯。
圖片來源：林沖／提供

在四海唱片灌錄了我在台灣的首張專輯《故鄉之歌》。

記得當時我走出錄音室，到處逛著，像我在《黃帝子孫》裡演的角色「亮虹」一樣，遊覽著台北的名勝。只是飄過我腦海的並不是電影中的中華民族大歷史，而是我自己的個人生命歷程。想到為了追求自己的夢想而遠離母親與家鄉的我，去國才短短六七年，雖然走上父親原本反對的路，但是再回到台北時，已經不是那個讓他擔心沒面子的年輕人了。幾年下來，台北有了很多改變，讓我既熟悉又陌生，我想去哪裡走走呢？有哪裡是我特

林沖口中的「美新處」，前身是建於1931年的「台灣教育會館」，為日治時期展示台灣教育成果的重要場所，也是台灣第一座現代化的藝文展館。二戰後，這裡曾短暫作為台灣省議會的集會場所。1959年台灣美國新聞處遷至此地，也就是「美新處」一詞的由來。1979年與美國斷交後，這裡成為美國在台協會的「美國文化中心」，是戒嚴時期台灣接觸西方藝文界的重要窗口。現則為二二八國家紀念館，也是國家指定的三級古蹟。
圖片來源：吳思薇／攝

別想去看看的嗎？我想起初到台北的時光，想起泡在台製廠看明星的歲月，想起了鍾瑛大姊、夏琴心、白虹、魏平澳大哥，還有推我上銀幕的貴人——白克導演。記憶推移著我前進，我慢慢轉進南海路，這也是我在台北最熟悉的一條路。

我慢慢地走，經過了南海路的美國新聞處。那裡更早前曾是台灣省參議會，我父親當議員時都來這裡開會。我想起那段赴日之前的台北生活，突然心中浮起一種「不知道今夕何夕」的異樣感覺。我打了個寒顫。也不過才數月之前，完全不碰政治的我，突然得知我竟被情治單位指控為「台獨分子」，還成了黑名單。如果不是憑藉運氣跟關係我得以逃過一劫，在機場等著我的，可不是風光返鄉的亞洲歌唱冠軍花環，而是警總人員的手銬。

我想起舞台上活力四射的派娜娜。我不懂，我努力地為國爭光，成為亞洲第一，這種事情怎麼會落在我身上？蔡老師跟白導演的「無語問蒼天」也成了我的無言。一切都是空白，什麼都被隔絕開來，我甚至不知道該怎麼面對，因為我什麼都不知道。直到此時，我才突然記起那個不大起眼的警察亭。其實它並不小，相反地，它實在是太大了，大到根本就看不見，只能看到在蔡老師教室裡永遠盯著我們一舉一動的「林老師」。

人物小知識

劉國煒

華風文化事業有限公司總監，演唱會製作人，一九九四年起先後於國父紀念館及世貿會議中心等地舉辦六十多場懷念金曲演唱會，曾為紀露霞、文夏、美黛、靜婷、黃曉寧、金佩姍、殷正洋、丁曉雯等人舉辦個唱，為歌手整理作品有《文夏唱（暢）遊人間物語》（2015）、《紀露霞的歌唱年代》（2016）、《鑽石亮晶晶 林沖》（林沖口述，2016）、《劉福助的歌唱故事》（2017）等書。

許石

台灣作曲家。一九三八年進入東京日本歌謠學院念書，研習作曲與聲樂。一九四六年回台後逐步採集台灣各地的民謠，致力推廣鄉土音樂。為此，許石特地成立唱片公司，又開設歌唱課程培訓後輩，並運用交響樂提升台灣民謠地位，還組織合唱團到處演唱宣傳。許石本身也創作許多台灣歌謠名曲，其代表作有〈安平追想曲〉、〈南都之夜〉、〈夜半路燈〉等。同樣赴日學習現代音樂的台灣歌謠大師楊三郎先生是許石的好友，因為欣賞許石，便把自己的外甥女鄭淑華介紹給他。在許石與鄭淑華談戀愛時，他常在台南火車站的路燈旁等她，而〈夜半路燈〉這首歌就是那時寫給鄭淑華的。也因為這段聯姻，楊三郎與許石這兩位戰後台語歌曲創作界的兩大巨人又結為姻親，才子相知相惜，是一段樂壇佳話。

林秀珠

台語歌手，曾拜許石為師學習歌唱，並巡迴全台進行歌謠宣傳。一九六六年以「丁玲」為藝名，將許石採譜編曲的〈三聲無奈〉灌錄為唱片專輯，在台北中山堂發表後風靡全台。當紅時期曾赴日舉辦個人演唱會，一九七二年結婚後逐漸淡出歌壇。

劉福助

台語歌手。十六歲開始在電台歌唱，十九歲隨許石學習唱歌，之後便跟著許石四處巡迴演出。後亦收集、整理民謠，並將人情風土、俗諺俚語融入詞曲創作。一九五九年出版第一張唱片《丟丟咚》，一九六七年自行製作、策畫與錄音的唱片專輯《安童哥買菜》大賣百萬張，開啟在歌壇上的知名度。說學逗唱樣樣都行，極盛時期在全台巡演作秀，亦活躍於影視與主持界，也曾以唱片專輯榮獲金鼎獎、金鐘獎與金曲獎的肯定。

高義泰

台灣歌手，十歲便出道演唱黃俊雄的布袋戲歌曲，也曾向許石學習唱歌。後來受到華視力捧，以俊秀外表及能歌善舞的特質成為一九七〇年代紅極一時的偶像歌手，甚至獲得「學生王子」的封號。原本打算赴日深造，但因父親驟逝而逐漸淡出演藝工作，在協助家族冰品事業的同時也轉為幕後歌唱指導，提攜後進。

文夏

台語歌手，本名王瑞河。五歲加入教會唱詩班時便展露歌唱天分，國小畢業後赴日學習聲樂、作曲和樂器演奏。高中畢業後自組樂團，開始以「文夏」為藝名進入歌壇，首張台語專輯《漂浪之女》便創下佳績，一生出過近百張唱片，錄製約一千二百多首台語歌曲，開過的演唱會更是不計其數。一九六二年，文夏首次主演台語片《台北之夜》，開啟「隨片登台演出」的風氣，讓片中演唱的歌曲隨著電影四處巡演，成為台語影歌雙棲明星，也帶動歌唱電影的風潮。二〇一二年獲得第二十三屆金曲獎「特別貢獻獎」。

顏華

台語歌手，少時曾向許石學習歌唱，擁有電台演唱經驗，亦曾主持過台語流行歌節目《顏華時間》。一九六〇年代在歌壇與紀露霞等人鼎足並立，灌錄許多台語流行歌，亦是亞洲唱片第一位台語流行歌的女歌手，代表歌曲有〈港町十三番地〉等。一九六六年起演出台語片如《速度的愛情》、《十八姑娘一朵花》等，賣座甚佳，也曾赴日發展演唱事業。一九七〇年在香港結婚，一九八九年淡出歌壇。

黃敏

台灣詞曲家，本名黃東焜。一九二七年生於台南，隨作曲家許石學習樂理及聲樂，是許石的第一批學生之一。黃敏利用公餘時間，與幾名音樂同好合組「亞羅瑪樂團」。創作甚多台語歌曲，其自台灣電力公司退休後，擔任海山唱片文藝部主任，又發表不少華語歌曲作品。一九八一年，黃東焜擔任光美文化（光美唱片）製作部經理，再創台語流行音樂的另一高峰。二〇一一年獲頒第二十二屆金曲獎流行音樂作品類特別貢獻獎。

鍾瑛

台語歌手，本名鍾秀卿，能歌能舞能演，與洪一峰同輩。早期參與台灣舞台劇演出，一九五〇年代起在正聲電台擔任現場演唱，代表歌曲為〈安平追想曲〉。在政宣片《黃帝子孫》中擔任女主角，亦演出第一部台日合拍的電影《風塵三女郎》。一九六九年開始參與台語連續劇演出，最為人所知的是與小豔秋合作的《瘋女十八年》。一九七一年，以編劇身分推出舞台劇《愛染桂》，並且唱紅劇中的主題曲〈旅の夜風〉。曾獲第一屆「廣播金音獎」、「本土文化特殊貢獻獎」等獎項。

吳晉淮

台灣作曲家及歌手。在日本就讀時師事知名音樂家古賀政男，習得一手精湛的吉他技法，並以「矢口幸男」（後改為「矢口晉」）為藝名在日本登台演唱。一九五三年，吳晉淮與日本人佐野博、篠原寬組成「拉丁三人組合唱團」（トリオ・ロス・インディオス），以吉他為伴奏巡迴日本各地，深受歡迎。一九五七年回台，身兼歌手、唱片製作與詞曲家等多重身分，並捧紅黃乙玲等多位台語歌手。畢生創作二百多首歌曲，代表作有〈關仔嶺之戀〉、〈暗淡的月〉、〈可愛的花蕊〉等。

林氏好

台南出身之歌手，又稱林是好、林麗美。一九二三年嫁給知名抗日運動者盧丙丁，一九三二年成為古倫美亞唱片旗下歌手，在一九三〇年代紅極一時，代表歌曲有〈紅鶯之鳴〉、〈一個紅蛋〉、〈月夜愁〉等。演唱之餘，林氏好也擔任音樂老師。一九六六年後因病淡出歌壇。

蔡瑞月

台灣舞蹈家，是現代舞在台灣的倡始者之一。因看到日本舞蹈家石井漠舞蹈團的演出，心生嚮往，便前往日本隨石井漠及其弟子石井綠學習現代舞。二戰後蔡瑞月回到台灣，結識詩人雷石榆並結為連理，卻因二二八事件影響，不僅被迫與丈夫分離，自己也深陷牢獄之災。出獄後蔡瑞月在台北設立「蔡瑞月舞蹈研究社」，致力教授舞蹈與推廣舞蹈，讓現代舞扎根台灣，培育出許多舞蹈界後進，但一直無法避免白色恐怖的干預。一九九四年，蔡瑞月獲頒薪傳獎；一九九九年，被指定為市定古蹟的舞蹈社遭到縱火，幾乎全毀，但後來終於在眾人努力下得以重建，並成立蔡瑞月文化基金會繼續經營。

魏平澳

電影演員，一九四九年赴台加入中影，以電影《阿里山風雲》出道，其後參演多部港台電影，以喜劇與邪痞配角聞名。一九五一年起，魏平澳在《聯合報》、《中華日報》等多家紙媒上撰寫評論雜文，亦十分受到歡迎。演藝生涯後期加入香港亞洲電視，在電視劇中擔任甘草演員角色。

高菊花（派娜娜）

本名Paicu Yatauyungana，為鄒族教育家與音樂家高一生之長女。高一生本名Uyongu Yatauy-ungana，鄒族人，生於日治時期阿里山鄉的特富野部落。曾任警察、教師與現今阿里山鄉的鄉長，是鄒族第一位接受當代高等學校教育者，也是知名的教育家與音樂家。他一生關心族人教育，積極保存鄒族文化與語言，甚至提出原住民自治區的構想。二二八事件爆發時，他與另一名部落領袖湯守仁出面維持嘉義治安，卻因此被逮捕，後又被扣上「匪諜叛亂」罪名，於一九五四年遭到槍決。其代表作有〈春のさほ姫〉（春之佐保姬）、〈鹿狩り〉（打獵歌）等歌曲。高菊花畢業於台中師範學校，原本已申請好赴美攻讀名校哥倫比亞大學，卻因父親被捕而中斷留學夢。為了挽救家中一落千丈的經濟，她以「派娜娜」為藝名四處演唱賺錢。她外型姣好、歌聲高亢，又擅長西洋與拉丁歌曲，很快就在歌壇走紅。不過身為白色恐怖受難者的身分，讓她長期受到情治人員騷擾與監控，始終無法簽下真正的經紀合約，而且在三十五歲便早早退出舞台。金曲獎歌手以莉・高露曾創作〈優雅的女士〉一曲，就是以高菊花為主題。

白克

台灣戰後第一代導演及影評人。一九四五年隨國民政府第一批接收人員來台，負責接收日本人留下的電影器材、設備和廠房。一九五六年於台製完成《黃帝子孫》一片，深受歡迎，聲名大噪。此時適逢台語片起飛，白克加入民營片廠的台語片拍攝工作，導演台語片十餘部，包括叫好叫座的《瘋女十八年》（1957）、《龍山寺之戀》（1962）等。然而拍完《龍》片不久，白克遭警備總部以「海外通諜」等罪名逮捕，被迫認罪，於一九六四年處以死刑。

楊三郎

台灣作曲家，本名楊我成。一九三七年赴日本學習作曲，二戰時期曾於滿洲國擔任樂師。後受到松竹歌劇團啟發，於一九五二年創立「黑貓歌舞團」在全台巡迴演出，開啟台灣歌舞團表演的序幕。其代表作有〈望你早歸〉、〈孤戀花〉、〈港都夜雨〉等。

夏琴心

台灣電影演員，本名陳雪峰，台南縣麻豆人，有「麻豆西施」之稱。一九五七年考入南洋影藝公司，開始拍台語片。隔年（一九五八年）邵氏的主要人物邵維瑛來台，偶然看到夏琴心的演出，便邀她到香港拍片，並為她取了「夏琴心」這個藝名。在邵氏拍了數部廈語片後，適逢廈語片沒落期，因此又回到台灣拍台語片。夏琴心能歌善演，代表作有《王哥柳哥好過年》（1961）、《女王蜂》（1962）、《浪子回頭》（1965）等。

白虹

台語片演員，本名王寶蓮。一九五八年因主演台語片《乞丐與藝姐》而大紅，自此片約不斷，也曾應邀到香港演出廈語片。一九六一年，白虹應張英導演之邀，演出台語片《大俠梅花鹿》，創造票房佳績，之後兩人便長期合作。一九六四年白虹在電影《天字第一號》中飾演女間諜，再次引領台語片跟拍間諜片的風潮。一九六五年，《台灣日報》主辦「國產台語影片展覽會頒獎典禮暨影星大會」，白虹被觀眾票選為十大女明星之一，獲頒寶島獎。一九六六年，赴香港拍攝名片《藍與黑》，一九七六年轉向電視圈發展，後逐漸淡出演藝圈。

莊雪芳

活躍於一九五〇至六〇年代的電影演員，為新加坡人，自幼擅長歌舞。一九五二年創立「莊雪芳歌舞劇團」在東南亞一帶活動，深受觀眾喜愛。一九五七年將事業重心轉向電影，曾於李香蘭主演電影《神祕美人》（1957）中客串一角，後於一九五八年以廈語片《歌女白蘭花》（又名《天涯歌女》）走紅，也曾自創「莊氏影業公司」嘗試獨立製片，展現多方位才華，還曾灌錄唱片。一九七一年結婚後退出演藝圈。

高洲健

即許清誥，屏東人。跟隨日本芭蕾舞蹈家東勇作習舞，並成為東勇作舞團主要男性舞者。後獨立組團，曾在東京青年會館舉辦「高洲健首次芭蕾舞公演」，並曾帶領該團回台演出。一九五〇年代回台定居，從事舞蹈教育工作。

你知道嗎？

- 台南的宮古座自一九三一年起成為松竹及日活電影的特約戲院。林沖提到劇院外供狐狸的神社，應該是稻荷神社。稻荷神是掌管農業與商業的神靈，廣受商家供奉，其神使是狐狸。
- 「美國在台新聞處」簡稱美新處，原址即今日南海路上的二二八國家紀念館。在六〇年代冷戰時期，美新處是美國文化輸入台灣的重要機構。
- 《阿里山風雲》是張英及張徹於一九四九年聯合導演的劇情片。原是上海國泰影業出資，劇組人員於一九四九年二月來台拍攝的電影。不料，因國共內戰之故，國民政府遷台，五月時台灣便與大陸往來中斷，本片也成為戰後第一部在台灣拍攝的劇情片。片中插曲〈高山青〉十分轟動，是流傳至今的台灣歌曲。

• 東京音樂學校是日本培養現代音樂人才的中心。一八七一年，因應「社會生活歐洲化」的文明開化運動，日本成立文部省，引進西方的近代學校體系，開始建立現代的學校制度，推行國民教育。一八七二年（明治五年）頒布學制基本法，期望能透過國家機器有系統地從上而下進行全國性的改造計畫，以達到改造人民的文明體質之目的。在這套新課程設計中，最重要的一項是引進歐美音樂教育制度，讓西洋音樂教育在兒童期便扎根，達到普及西式音樂的願景。一八七九年（明治十二年），文部省設立「音樂取調掛」。主要任務除了進行音樂教育的研究調查工作外，還有調和洋樂與日語，創作新的歌曲並引進西方的音樂教育法以為國民學校之用，同時推動各學校音樂教育的實施、西洋音樂的普及以及培養新式作曲家。「音樂取調掛」由教育家伊澤修二領導，伊澤是第一屆的日本公費留學考察生，返國後擔任東京師範學校校長，並著手編寫《小學唱歌集》，是奠定日本近代音樂教育的推手。一八八七年（明治二十年）十月，「音樂取調掛」改為「東京音樂學校」，由伊澤修二擔任校長。他邀請奧地利音樂家迪特里希（Rudolf Dietrich, 1867-1919）來東京任教，日本近代女性音樂家幸田延的小妹幸田幸（安藤幸）則師從他修習小提琴，畢業後前往柏林高等音樂院留學，之後亦回到東京音樂學校擔任教授，使得該校成為日本最重要的音樂專門學校。

第二章

打磨淬鍊在異鄉

父親截不斷的演藝之路

我在上台北補習準備重考時就已進入演藝圈。當時因為身分還是學生，而且拍的兩部電影《黃帝子孫》跟《五月之戀》都是政府的文宣片，我父親還能接受。至於學跳舞一事，我一直沒告訴他，直到我以〈高山獵人〉這支獨舞拿下民族舞蹈比賽的社會成人組甲等第二名，他才知道。當時全台報紙都刊登了這個新聞，還有照片，當然也就瞞不住了。他雖然沒怎麼大生氣，但也不是太高興。只說男生跳什麼舞，還是好好讀書重要。我從學跳舞到得名，大約只花了一年時間，由於我進步很快，所以蔡老師相當器重我，加上我自己也很努力，絕不馬虎，得獎後，我更是常與蔡老師搭檔公演，朝表演之路發展的念頭也越發強烈。我很清楚自己是真心喜愛舞台，暗自決定畢業後要從事演藝工作，卻也因此跟

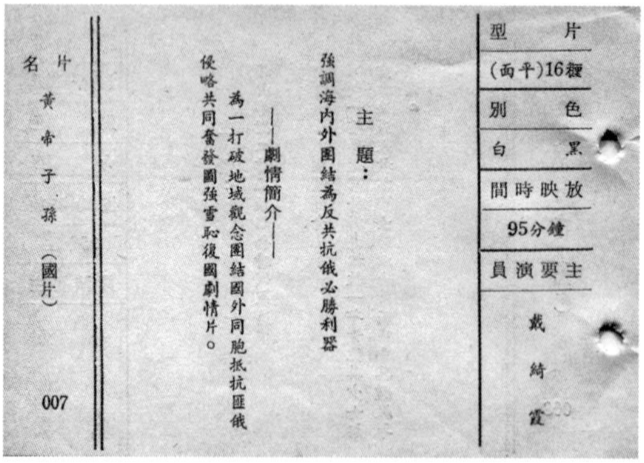

片型
16糎（平面）
色別
黑白
放映時間
95分鐘
主要演員
戴綺霞

主題：
強調海內外團結為反共抗俄必勝利器
——劇情簡介——
為一打破地域觀念團結國外同胞抵抗匪俄侵略共同奮發圖強雪恥復國劇情片。

片名
黃帝子孫（國片）
007

在「國防部藝術工作總隊影片目錄」的檔案中可以見到《黃帝子孫》的介紹。
圖片來源：周世文／提供

父親爆發衝突。

我的家族在台南算是有頭有臉的人家，在政經方面都有些影響力。我又是家裡的男孩子，父親自然對我有相當的期望，更反對我走上演藝的路。在那個年代，有聲望的家庭不讓子女踏進演藝界是有原因的。當時最普遍的表演就是歌仔戲、車鼓或採茶戲等等民間戲劇，民間劇團主要是以野台戲的形式演出。由於外台做戲一般都很克難，環境辛苦，加上演出內容五花八門，形象不是很好。在日本時代，有一段時間歌仔戲甚至還被禁演。在這種社會風氣下，我父親一聽到「表演」兩字，自然就相當反對。當他得知我有意要走演藝的路，大發雷霆，差點就斷絕我的經濟來源。但是我心意堅定，仍然繼續跟著我的心意和興趣走。這讓父親對我很不諒解。

等到我進入中影公司擔任基本演員時，我父親終於忍無可忍，決定安排我到一間紗廠當經理，但我明確拒絕了。我告訴他我想繼續拍電影，這讓他非常生氣，但對於固執的我卻又無可奈何。為了讓我完全斷絕演戲的念頭，他決定把我送到日本去求學，選讀經濟或是醫科。我父親對我講得很明白，留學之後回到台灣，我有兩條路可以選：一是去當醫生，一是當外交官。我三伯父林全忠不但是醫學博士，還擔任過院長，是我該學習的典範。不然，因為我從小就展露語言天分，學新的語言特別快，外交官是他認為適合我的正途。反正，他期望我從事有社會名望的菁英工作，不要在舞台上或銀幕上讓他丟臉。

當時我的弟弟妹妹都已經在我父母的安排下，早我一步去日本讀書了；妹妹念的是日本大學政經學科，弟弟則跟爸爸一樣念早稻田。我父母的考量是，送我去日本除了可以讓我離開演藝圈，還可以幫忙照顧弟妹。我當然知道他們的企圖，不過依我自己的評估來看，那時台語電影正在走下坡，而我在國語片完全是新人，才剛起步，機會並不多。到日本去不但可以脫離父母的管控，也許還有發展的機會。因此，我很快就同意父親的安排，離開台灣前往日本。

在那個年代，出國念書並不像現在這麼容易，政府管制很多，年輕男性出國尤其更是困難，像我弟弟便是以「身體不好，必須出國治療」的理由赴日。為了讓我的出國申請順利通過，我父親也是想方設法費盡心思。結果，因著一個偶然的機會，竟讓我父親找到了正當的理由。

在此之前，我經由跟中影簽約，已經主演了一部國語片《荳蔻春怨》。這部片的導演是張英，女主角是黃曼，是我首度擔任男主角的國語片。由於有中影旗下演員的身分，我得以出席了一個在台北舉辦的亞洲影展。該影展與日本電影有關，所以，日本知名電影公司東映的老闆大川博及當紅女星佐久間良子都來到台灣。我在宴會時與他們同桌，大家聊得十分融洽，大川先生對我說，如果我有機會到日本，可以去找他。剛好與我父親有生意往來的一位日本客戶認識這位東映大老闆，他便拜託對方跟大川先生商量，由東映出面，以邀請我到日本拍片、學電影的名義申請，果真讓我順利出國。

臨行時，父親仍不忘對我耳提面命，強調他這樣安排，只不過是為了讓我有理由出國。他送我去日本的目的是留學，絕不可再當藝人。但我心想，只要人到了國外就天高皇帝遠，我要做什麼也沒人管得著，內心非常雀躍。

我抵達日本東京是一九六一年的春天。一想到終於能過自己想要的生活，不禁在心底高喊：「我自由了！終於自由了！」即便我父親一再希望我選讀醫科或經濟，可是，我哪能由他安排。好不容易出了國，當然是要選自己想念的科系，於是，我到處拜託朋友打聽上哪間學校比較適合。一查下來，發現位於東映公司旁邊的日本大學藝術學部的演劇學科雖然成立不久，卻出過很多明星校友，相當理想。此外，我覺得我還是該有一個國外的大學學歷比較好對父母交代，於是，便透過朋友的介紹去申請。出國之前，我早已將我在台灣拍過的電影劇照跟相關剪報等等都結集成冊，帶到東京。現在，萬事俱備，我便帶著我在台灣的履歷去報考，馬上就被錄取了。

既然是用東映的名義出國，我到東京後，便前去拜訪東映老闆大川先生，希望爭取電影演出的機會。由於大川先生與我先前在台北見過面，也知道我父親是誰，因此他和公司宣傳部的人都待我非常好，還招待我去爬山、吃飯，我也常去東映公司走動。有一次，大明星佐久間良子在拍戲的休息時間看到我，還特地跑過來打招呼，表示歡迎。由於她當時是東映的大牌女星，身邊總是有一堆記者跟著追新聞。一看我們聊得熱絡，記者就想要幫我們拍個照。佐久間小姐真不愧是專業的女演員，馬上要我跟她一同望向旁邊的噴水池擺姿勢。我記得這張照片還登上了日本的報紙。

雖然我在學校註了冊，但是並沒有太專心在學校功課上。平日沒事的時候，我就跑去東映的片場參觀，研究演員如何化妝和演戲，努力跟工作人員打成一片。原本以為這樣下去應該很快就有出頭的機會，可是，我一天到晚去東映攝影棚，熟到大家都認識我了，卻還是沒有半個表演邀約找上門，也沒有高層親自來跟我談，或給我進一步的機會。過了一陣子，我開始著急起來。畢竟，我在台灣也主演過幾部電影，在中影又算

創立於1949年的東映，與東寶、松竹、角川、日活並列為日本五大電影公司，也是朝日電視台的主要股東。圖為位於銀座的東映會館。

圖片來源：吳思薇／攝

活躍，而且還是以明星的身分在宴會上與大川先生會面，照理說，東映應該會給我一定程度的重視和禮遇才對。想到自己好不容易來到日本，就是希望在電影界闖出名堂。但是，現實上我卻被當成一般的見習生，也沒有接到任何邀約。日子一天天虛度，讓我非常苦惱。

由於片場工作人員跟我混得很熟，看我成天東晃西晃，也覺得不是辦法，就建議我找個小角色來演，或先從臨時演員開始，賺一點外快也好。但是，我想想還是拒絕了，理由很簡單：第一，在異地發展，第一步最重要。我是在台灣演過男主角的人，若來到日本，卻以臨演或微不足道的龍套出道，很可能就會被定型在這種角色上，永遠沒有出頭的一天；第二，當時東映拍攝的電影以黑道片為大宗，盡是些打打殺殺的故事，沒什麼適合我的角色。不管是去演黑社會打仔或賭場發牌的小嘍囉，都不適合我的氣質跟個性，而且對銀幕形象也有很大的傷害。因此，雖然我心裡很急，還是婉拒了在東映以負面形象的小角色出道的機會。

我當時會做這樣的決定，跟我秉持的信念有關。我始終認為，當一個藝人，形象最為重要。建立好的形象很難，要毀掉卻很容易，與其日後費力地改頭換面，還不如一開始就好好打造。我對我的演出角色是有想法的，從出道時，我的形象就很正面，所以我始終堅持這一點，盡可能慎選角色與劇目，寧可不接片，也不輕易挑戰不熟悉、不適合或跟我原本形象差太多的類型。

但是，遲遲無法得到正式演出的機會，還是讓我非常焦慮。我以前接受媒體採訪時，從來沒提過東映這段往事。因為當時年輕的我實在太難過了。我滿懷希望地以為來到日本，就可以在東映這樣的大型電影公司大展身手，結果現實卻完全不如預期。那種陷入谷底的失望，對一個渴望舞台的年輕人來說，打擊實在太大了。不過，失望歸失望，我還是努力地自我心理建設，不讓自己悲觀下去。人在焦慮時，最怕鑽牛角尖，所以我就常常跑去神保町那邊的YMCA運動健身。那間YMCA很大，可以打球、游泳，又很歡迎年輕人，讓我免於一直陷入低潮的情緒。

另外，我也沒有忘記要繼續練舞，畢竟，我可是在舞蹈比賽得過名的人啊。所以我先去拜訪蔡瑞月老師的老師石井綠，請教她該去哪裡學現代舞。石井老師氣質優雅從容，抱著小狗坐在和式房屋的外廊上，讓我想到第一次看到蔡瑞月老師的身影。我一直覺得舞蹈有著超越語言，與人直接進行情感交流的優點。這一次跟石井老師的會面，又提醒了我，當年第一次看到現代舞演出時的深刻的感動。

在石井老師的建議下，我先到新宿拜訪吉村老師的教室。老師身材壯碩、留著大鬍子，給我看了他們表演的照片，教授的舞蹈路線偏向芭蕾。接著我又去澀谷參觀近藤玲子老師的教室，那邊空間寬廣，教授的舞蹈路線偏向爵士。因為我喜歡節奏明快、律動強烈，風格較為摩登的舞蹈，所以就決定跟著近藤玲子老師上課。儘管如此，我跟吉村老師也成了好朋友。就這樣，我懷抱著焦慮的心情繼續加強自己的優勢，一邊安慰自己，一定會有機會，不要放棄。

現在回想起來，我當時才那麼年輕，就懂得要重視自己的形象，知道不能為了急著要出頭，就不顧一切往前衝，真是不容易。這種「該踩剎車時一定要把持住」的謹慎態度，是讓我能夠在演藝事業中不至於迷失自己的關鍵。雖然當時為了形象寧願放棄賺錢與露臉的機會，聽起來好像有點古板，但是，我認為一個演員必須要清楚自己的優缺點，找到適合的角色來演出。這才是愛惜自己的表現。不合適的角色，很難演得好，一旦演不好，很容易就會傷到自己。

其實，不管從事哪一行都一樣，只有紮實、穩穩地走，不貪急，才能走得遠。尤其演藝這一條路，更是絕對不能急，太想紅有時就會走錯路。也因此，我一輩子都沒演過什麼亂七八糟的角色。由於我很在乎自己的形象，不管在銀幕上或生活中都是如此，所以我一生幾乎也可以說都沒什麼負面新聞。

機會來臨時放手一搏

我到日本留學的一九六〇年代，日本社會不但可說完全從戰爭後的蕭條中復甦，而且還進入了經濟景氣高峰的新階段。大量生產的電視、冰箱及半導體收音機等家用電器，已經普遍出現在一般人的生活裡，這帶給我非常大的方便。為了盡快融入新的生活，我到日本後每天都會看電視。那時日本社會上還把電視、洗衣機、冰箱稱為「三神器」呢。

儘管在東映一無所獲，我還是不敢掉以輕心，每天收看電視的演藝節目，繼續鍛鍊自己的實力，避免自己跟演藝界脱節，也因此觀察到另一種完全不同的表演形式。當時節目很流行以演唱為主，舞蹈為輔的演出，這跟我原有的認知有極大差異。我本以為舞蹈是表演的焦點，因為最容易吸引到觀眾目光。但在日本表演節目中，舞者通常只是站在舞台後方，是在歌手身後幫忙伴舞的配角；這讓我了解到，若想在演藝事業更上一層樓，只有舞藝精湛是不夠的，未來在唱歌方面也得加強才行。

當然，過去幾年的紮實舞蹈基礎仍是我自信的來源。一直以來，舞蹈都是我的表演強項，也是我進入商業電影的敲門磚。一九五八年，我就是因舞技而得以在郭南宏導演的《鬼湖》中飾演一角。雖然只有短短幾分鐘的露臉機會，但是這個角色卻引起了台灣電影界的注目。我因此得以進入商業電影界，接拍了多部台語片，包括《黑貓與黑狗》、《第一特獎》、《結婚五年後》、《招財進寶》、《虎姑婆》，成為家喻戶曉的明星，也因舞藝而受邀在袁秋楓導演的《危險人物》中客串一角，並教導飾演歌舞女郎的夷光，跟她一同跳「野人舞」。在那個年代，專業的男舞者不多，從台灣到香港，我的舞蹈實力為我帶來不少機會，之後我在日本走紅，依靠的仍然是舞蹈。

一九六〇年代，因為經濟景氣暢旺，日本政府開始大幅度開放海外旅遊。由於香港不但是離日本最近的觀光地，也是充滿熱帶風情的國際城市，因此日本人對香港的一切都充

《黑貓與黑狗》由白虹與林沖搭檔主演、陳安瀾導演。攝影是當時台語片界的知名兄弟檔——陳忠義與陳忠信。白虹在其回憶錄《妖姬・特務・梅花鹿：白虹的影海人生》中指出，該片是使用陳忠義甫從德國進口的35毫米Arriflex攝影機。2018年，白虹出版回憶錄，林沖也到新書發表會現場分享當年盛事。兩人當年一起見證了台灣影視的跌宕與轉型，在睽違將近一甲子後，終於再度同台，留下珍貴的合照。
圖片來源：劉國煒／攝

滿狂熱與好奇。我印象最深刻的是，當時社會上還流傳著「香港街上連計程車都是賓士車改造的」這種城市傳說，可見有「東方明珠」之稱的香港對日本人來說，是一個多麼獨特繁華的奇幻異境。

當然，日本娛樂界也快速搭上了這波「香港熱」。日本知名大型電影公司東寶搶先與香港的電懋公司合作，找來香港當紅玉女明星尤敏，與自家英俊高眺的小生寶田明搭檔演出電影《香港之夜》，不僅場場爆滿，電影大賣也讓香港熱持續發燒。東寶的舞台劇部門「東寶演劇部」見此商機，亦請來另一位香港女明星李湄擔綱演出名為《香港》的音樂劇，並由東寶大導演菊田一夫親自負責寫劇本與執導，共同演出的還有寶塚歌劇團出身的越路吹雪及浜木綿子等大明星。

這個消息當時在演藝界裡自然是沸沸揚揚，媒

李湄演出東寶音樂劇《香港》。
圖片來源：林沖／提供

體時有報導。我去過香港，也感受到這股電影所引領的香港熱，因此，對於這齣東寶傾力製作的大劇也會關注一下。但是，我完全沒想到，因此而赴日演出的香港明星，竟然就是那扇讓我進入演藝界的神奇之門。

菊田一夫是東寶董事，亦為公司演劇部的領導者，會導演也會編劇，地位非常高，是日本戲劇界的帝王級人物，寫過很多膾炙人口的電影與舞台作品。為了這齣戲，他與作曲者古關裕而還親自到香港去考察。至於預備演出《香港》音樂劇的東京寶塚劇場，更是日本數一數二的大劇場，當時除了演出寶塚歌劇團的作品外，一年還會排一到兩次的檔期，用來上演東寶製作的大型音樂劇。一般演員想要登上東京寶塚劇場的舞台演個路人甲，少說也要有五年以上的資歷。對那時的日本演藝圈而言，能夠在這個劇場表演，不但是指標性的肯定，也是許多演員的夢想。

由於李湄不會講日語，東寶得幫李湄找個翻譯助理，找來找去遍尋不著，就來問日

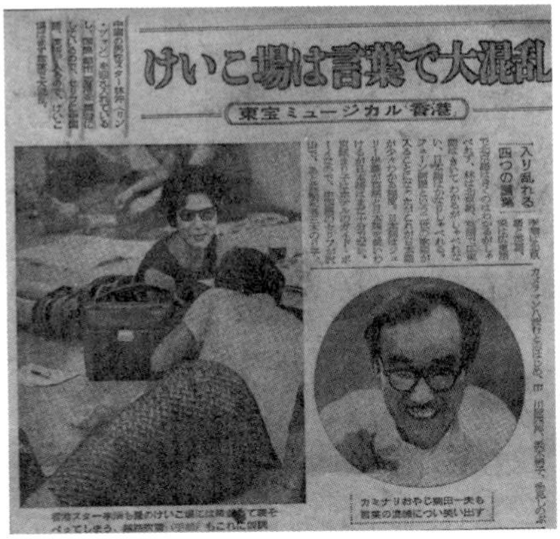

菊田一夫是日本知名劇作家，也是東寶音樂劇重要推手之一。圖為音樂劇《香港》新聞剪報上的菊田一夫照片（右）。
圖片來源：林沖／提供

東京寶塚劇場位於東京有樂町，現為日本寶塚歌劇團之專屬劇場。但在1950年代至1997年閉館重建之前，也會租借給外部單位使用，像是紅白歌唱大賽、文部省藝術祭等，甚至還有西洋正統歌劇的演出。而寶塚歌劇團的創始人小林一三，更以「東京寶塚劇場」的簡稱創立了日本知名大型娛樂公司「東寶」。
圖片來源：吳思薇／攝

本大學演劇學科的教授有無適當人選。教授推薦了我，說我是台灣來的留學生，在台灣拍過電影，還會跳舞。就這樣，我成了李湄的小跟班。舞台演出前有一個月左右的排練期，我每天早晨都必須到李湄下榻之處，亦即東京寶塚劇場旁的高級旅館「帝國飯店」去等她下樓，還要幫她拿大衣、提化妝箱，在排練場跑來跑去。雖然工作緊湊又辛苦，但我卻覺得很開心，有沒有酬勞都不在乎。畢竟，身為演劇科學生的我，能近距離看到這麼多大明星，已經很難得，還能以翻譯的身分參與東寶的年度大戲、與香港大明星一起工作，真是高興得不得了。

說來，我在日本的出道過程真的很戲

現今的帝國飯店。
圖片來源：吳思薇／攝

劇化。那時《香港》已經排練一個禮拜，然而有個香港富家少爺的角色卻還沒找到合適人選。雖然東寶有不少演員，但大導演菊田一夫顯然另有考量。有一天，他突然叫住我，問道：「你喜歡演戲嗎？」我見機不可失，馬上表示：「喜歡啊！我就是因為喜歡表演，才來日本念演劇學科。」他又問：「會唱歌嗎？」我誠實地回答：「唱歌的話，沒有特別學過，但一般的流行歌我會唱。」此時，我看著菊田導演的眼睛，在厚重鏡片後面骨碌碌地打量著我，突然心裡冒出一個想法：「搞不好他是在考驗我！這是個機會啊，要把握！」於是我小心翼翼地繼續說：「雖然我沒學過唱歌，但我會跳舞，跟台灣知名的舞蹈老師學過，參加比賽還得過名次。」「跳舞？是跳什麼樣的舞？」菊田導演繼續追問。我沒提我會跳芭蕾舞，畢竟在日本這實在太平常了，得講個特別一點的，所以我強調：「我在民族舞蹈比賽得過獎，還會跳京劇的槍舞。」日本人雖然對戰後台灣開始流行的民族舞蹈沒有概念，但是他們很了解京劇是什麼。導演一聽到「京劇」，馬上眼睛一亮：「那你可以跳一段讓我看看嗎？」我按捺住興奮的情緒，連忙趕回宿舍去拿跳舞用的相關裝備。心裡興奮得不得了，出國前拜託蔡瑞月老師特別為我編的舞蹈，居然這麼快就派上用場了！

當年，我因為民族舞蹈比賽的優異成績，當兵時曾被選入何應欽將軍所率領的優秀青年百人團到美國巡演。那時，我注意到僑界在舉辦聯歡晚會時，常常會安排帶有民族或傳統風格的表演，由於身在海外，這類演出總是大受歡迎。此番經驗給了我靈感，因此出國之前，我便把舞蹈用的道具、服裝跟配樂的黑膠唱片等都準備妥當，還特別請蔡瑞月老師幫忙編排了兩支取材自京劇的傳統舞碼：〈雙劍舞〉與〈槍舞〉，希望在僑胞的聯歡晚會時亮相。沒想到，春節都還沒到，這兩支舞就要上場。我在日本的首次表演機會，居然會是到劇場重鎮的東寶試鏡。這實在是太喜出望外了！

我很快地回到菊田導演的辦公室，工作人員安排我到大會議室去表演。我一到現場，發現除了導演外，連製作人與舞台總監等工作人員都來了。好大的陣仗！跟導演報告後，我迅速換裝，把唱片交給工作人員。音樂一響，我便擺起手勢，隨之起舞。手上的長槍「刷」、「刷」、「刷」地揮舞，虎虎生風，不只每個動作都俐落到位，最後還順勢擺出一個漂亮的下腰，讓大家都看呆了，現場一片安靜。表演結束後，菊田導演露出非常高興的表情。他馬上拍了一下桌子，對在場的人宣布：「這個角色就讓他來演！」這個香港富家少爺，是《香港》音樂劇中十個主要角色之一。劇情設定這個少爺是中日混血，受共產思想影響，反對爸爸糜爛的生活，又不願依靠富有的家庭背景，於是帶著浜木綿子飾演的妹妹去碼頭當工人養活自己。劇中，他不幸遭人利用，成了反政府運動者，最後被愛國志士殺死，是個充滿悲劇性的角色。

由於我的角色戲分不輕，因此東寶特別為我安排了一間個人的休息室。這是主要演員才有的待遇，讓我感覺到備受尊重。不過在高興的同時，我也提醒自己，離公演初

蔡瑞月為林沖編的舞碼，意外成為林沖在日本闖蕩星途的利器，也改變了他的一生。

圖片來源：林沖／提供

林沖（身著淺色衣褲者）演出東寶音樂劇《香港》。

圖片來源：林沖／提供

日只剩十幾天，這又是一齣卡司豪華、擁有兩百多名舞者的大型音樂劇，對白則是三分之一的中文加上三分之二的日語，不好好排練可不行。這次共同演出的可都是赫赫有名、訓練有素的大明星。雖然菊田導演很照顧我，但他對演員要求一向嚴格，身為一個新人，還是一個外國人，我得奮力抓住機會。當時我壓力很大，每天都很緊張。我是靠舞蹈基礎被選上的，舞蹈不能出錯。我經常排練到很晚，跳舞跳到鞋子跟腳皮都破了。可是我一心一意只想著必須拼命、要努力到極致，絕不能輸，以免變成笑話。畢竟，在這種大舞台上，新人可是完全沒有失敗的本錢。

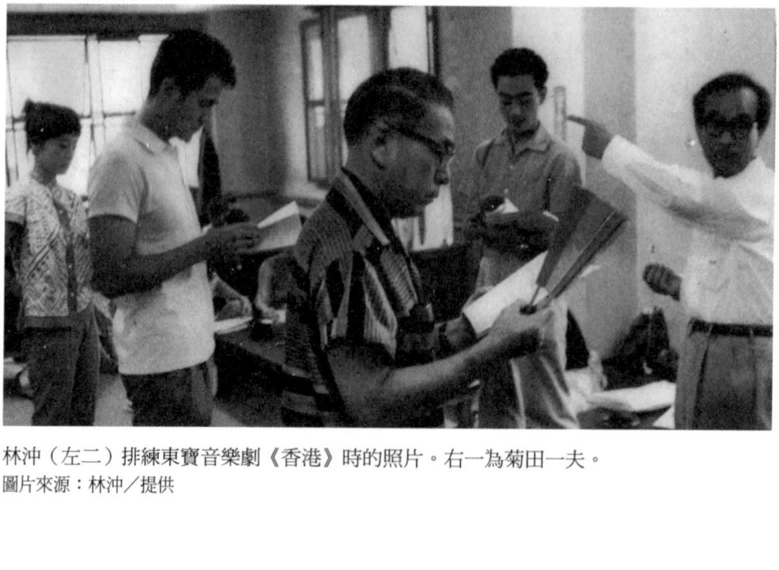

林沖（左二）排練東寶音樂劇《香港》時的照片。右一為菊田一夫。
圖片來源：林沖／提供

圖為東寶音樂劇《香港》宣傳廣告，目前收藏於臺灣音樂館內。上面可以看到林沖的名字與李湄等港星並列，在圖片中央的介紹文案內也可以看到「香港男性俳優人氣No.1的林沖」的字樣。

圖片來源：林沖／提供

努力敬業成為閃亮的寶石

在菊田導演宣布我參加演出後沒幾天，《香港》剛出爐的文宣就出現了我的照片，我的名字也印得大大的，上面還寫著「香港男性俳優人氣No.1的林沖」。對劇組來說，大概是把我當成香港演員比較好宣傳，也省得介紹起來麻煩。但我一點都不在意，因為我不但得到大導演菊田一夫的提拔，還能從一個默默無名、做口譯兼打雜的留學生小助理，一口氣踏上眾人夢寐以求的東寶舞台，成為大戲裡的一個主要演員。

《香港》音樂劇推出後場場爆滿，好評如潮。我也因此拿到了人生中第一個因票房滿座而受賞的「大入り袋」謝禮，有一萬日圓呢。雖然我演的部分是悲劇，但作為主線的故事則是喜劇。李湄飾演香港明星，越路飾演日本商行駐香港的外交人員，因為兩人長得很像，鬧

林沖（左）靠著蔡瑞月編排的民族舞蹈，意外得到東寶大導演菊田一夫的青睞，得以在音樂劇《香港》中大展身手。圖為《香港》劇中的槍舞場面。
圖片來源：林沖／提供

出不少笑話，是一齣笑中帶淚、絕無冷場的作品。另外，由於我因槍舞入選，菊田導演特別為我設計一段戲中戲，要我在劇中表演《霸王別姬》的槍舞，與日本武將在台上互相比畫，又讓我大跳現代舞，唱了三首日語歌，就一個新人來說，真是出盡風頭。

戲連演一個月，媒體也注意到我這個生面孔，部分劇評對我更是讚美有加。我還記得有篇日本報紙上的評論是這樣寫的：「東寶在這次演出中，可說是撿到了一顆寶石，那就是林沖。他來自台灣，個子高，長得好看，歌也唱得不錯。雖然口白部分有待改進，但如果好好訓練，將來這顆寶石一定會變得又大又閃亮。」

林沖，寶石！東京寶塚劇場，是我在日本出道的起點。我苦苦等待著的機會，就這麼毫無預兆地從天而降，而我也漂亮地接住它，以新人之姿，正式在知名的寶塚劇場崛起了！

因為在《香港》音樂劇的表現廣受好評，演出結束後，東寶的電影部馬上跟我簽約，讓我正式成為東寶旗下的藝人。隔年（一九六二

林沖演出音樂劇《香港》後，受到不少知名媒體如《朝日新聞》、《產經新聞》的好評。後者更稱讚他「身材高䠷又英俊」、「擅長舞蹈」且「日語不錯」；也有劇評直接冠以「一流台灣明星」的封號。

圖片來源：林沖／提供

日本劇場是20世紀日本娛樂界的殿堂級據點，曾為東寶旗下的主幹劇場。1981年因建築老朽而拆解，其所在地現為複合商業大樓「有樂町マリオン」，由東寶、松竹、朝日新聞三家大型企業共同經營。從這張照片可以看到大樓建築上東寶（左上）、朝日新聞（右上）與松竹（右下）的標誌。

圖片來源：王善卿／攝

林沖於日本劇場演出歌舞秀《春之舞》。

圖片來源：林沖／提供

。香港ス
とファン
にやりま
ら、中国
たい。日
ぼくが出
あのね」

日劇友の会

中国からのお客様
陳恵珠・林沖
CHEN HCEI-CHU RIN CHON

今上演中の「春のおどり」には二人の中国からのお客さま、陳恵珠さんと林冲さんが出演されています。もっとも林さんは映画「香港の星」に出演のため二の替りには出演できないのですが……。

陳さんは四年前に来日され東宝芸能学校で一年程勉強され、また一昨年はアジア映画祭に中国代表としてまた昨年春には芸能学校に今度は先生として三度目の来日をされました。今では日本語もペラペラ、林さんと一緒にフジテレビの連続ドラマ「検事」に出演され、達者な所を見せています。昨年新宿コマの舞台で剣の踊りを見せたのはご存知の方も多いことでしょう。

一方の林さんも陳さんと同じ台湾の出身、日本へ来たのは昨年四月、東京宝塚劇場で上演された東宝ミュージカル「香港」に出演されました。日劇で見せた槍の踊りが得意なのはもちろん、歌も大好きだそうで、日劇の舞台でもやりたかったが、今すぐ歌えるレパートリーがないので残念ながら今回は聞くことができませんでした。また次の機会に期待しましょう。これからはバレエなどもぜひ習って帰りたいと大きな希望を抱いています。

お二人とも中国では大スタアですが、お国ではこのようなショウが上演されないとのことで日劇に出られたことは大変嬉しいと語られます。

日本の人は親切でとてもいい人ばかりだと云われるお二人、今度の機会にはぜひ本当の京劇を見せてもらうことを期待しましょう。

（写真は〝中国の夜〟で活躍の林さん（手前）と陳さん。）

年）三月，我在有樂町的日本劇場，參與東寶旗下另一個知名表演團體「日劇舞蹈隊」的表演。這個舞蹈隊每年都會在春、夏、秋三季定期舉辦盛大的歌舞秀，而我演出的作品是《春之舞》。我還記得其中有個名為〈中國之夜〉的場景，特別安排一段京劇風格的表演，讓我的槍舞再度上場。

到了十月，我又在越路吹雪主演的舞台作品中登台。這是東寶在大阪知名的「梅田コマ劇場」（現在的梅田藝術劇場）推出的大型歌舞表演：前半部《南十字之女》是音樂劇，內容是越路飾演的日本女記者在越戰時來到越南，周旋在四位男性間的愛情故事；後半部則是名為《與越路吹雪一起》（越路吹雪とともに）的歌舞秀，由我及另外三位東寶的當紅小生（菅原謙次、小泉博、ジェリー伊藤）眾星拱月般地撐起「香頌女王」的光芒，讓越路能盡情展現摩登風格的歌藝。

我在前半場飾演越南富裕華僑之子，因為和越路交好，讓自己的未婚妻相當吃味；後半場則擔任她的伴舞。越路的歌唱表演很有自己的特色，唱到激昂的時候會高舉一隻手，將目光投向遠方，展現巨星風範。我覺得這個表演方式很迷人，就學了起來。後來，我發現日本許多藝人打從舞台一亮相開始，就不斷散發魅力，抓住觀眾的心，這也養成我會去注意每個明星出場方式的習慣，並從中學習。就這樣，好運接連來敲門，不僅來得非常突

《南十字之女》劇照。

林沖與越路吹雪（中穿禮服者）一同表演名為《與越路吹雪一起》（越路吹雪とともに）的歌舞秀。
圖片來源：林沖／提供

然，幾乎讓人措手不及，幸運度也好比中了彩券頭獎，讓我欣喜無比。

我能夠在東寶脫穎而出，雖然有相當程度的好運，但是，台灣俗話說「三分天註定，七分靠打拼」，人真正能依靠的，還是自己的努力不懈與周全的準備。我到菊田一夫辦公室去試鏡的經驗，讓我體認到凡事都要有所預備的重要性。至於準備是否周全，則取決於自己努力的程度。明星除了表演外，平常要做的功課非常多。事實上，忠於自己專業的藝人是非常忙碌的。要研究造型、健美塑身、保養外貌、充實新知、訓練歌舞技巧、設計表演曲目等，這些都是觀眾看不見的；然而如果不在這些地方好好努力、要求自我，卻會直接影響到表演成果。

因此，即使到現在，為了能在登台表演的時候全力發揮，我還是會定時上健身房鍛鍊，做好飲食控制和歌唱練習，讓體能隨時維持在最佳狀態。此外，我只要出門，一定用心打扮。我常常很自豪的說，自己隨時都能上台表演，這都是因為平日就做好準備了啊。

東寶當時演出的音樂劇，可以說紮紮實實學習道地的西洋musical（音樂劇），不但有歌有舞有劇情，而且都是在東京寶塚劇場這一類的高級劇場演出。至於我曾經演出《春之舞》的日本劇場，雖然現在已經沒有了，但當年也是大家常看表演的地方，一年四季都有日劇舞蹈隊提供好看的歌舞秀表演，演員則男女皆有。其中讓我印象最深刻的，是劇

銀座日本劇場的「日劇舞蹈隊」（日劇ダンシングチーム，又稱NDT）取材自紐約無線電城音樂廳（Radio City Music Hall）的歌舞表演，嚴格挑選與訓練身材高䠷勻稱的年輕女性演出，一時之間蔚為風潮。　　圖片來源：林沖／提供

場五樓有一間當時日本的高級脫衣舞表演廳：日劇音樂廳。這裡的門票很貴，空間很小，但燈光舞台等硬體設備都很高級，表演者皮膚白皙，身材結實又帶點肉感，都非常漂亮。她們演出的都是類似巴黎紅磨坊的秀，跟新宿、淺草流行的那種情色脫衣舞是截然不同的等級。據說當年想要看日本身材最好的女孩子，來日劇音樂廳就對了。她們的表演真是好看，而且充滿成熟韻味，這些都是當時在台灣很難見到的演出。

我從小就喜歡華麗、優雅、精緻的事物。在日本看到的表演太美

林沖演出東寶音樂劇《香港》時在後台化妝的模樣。
圖片來源：林沖／提供

好、太多元也太讓人印象深刻，讓我喜歡得很，因此不斷地看，也不斷地從中學習。每次，我在表演時就會想到這些看過的演出，揣摩著自己的動作該怎麼做才會到位，台上又要怎麼穿才會好看，才能吸住觀眾的目光。在我設計自己的表演造型時，也多半依靠當年從寶塚、松竹等日本舞台演出得來的靈感。平日除了練習唱歌跳舞外，我也經常閱讀時尚雜誌，研究時下最流行的造型。不只是衣服，連配件類我也很留心，我甚至還會裝假睫毛呢！我在日本出道時，男男女女的明星都戴假睫毛，化妝室也會提供。就是因為男演員也都要戴假睫毛，所以日本的電影男明星，特別是飾演男主角的小生，睫毛看起來都又長又漂亮。男性專用的假睫毛看起來直直的，我覺得很新鮮，離開日本時還特地帶了幾副，以便在表演時使用。雖然我在日本演藝圈的時間嚴格說來不能算很長，但是這些元素，到今天仍然都能在「舞台上的林沖」身上看到。

在日本首屆一指的娛樂公司「東寶」出道後，我才真正了解到什麼叫做巔峰上的風

林沖（右三）參加哥倫比亞唱片年度音樂會「哥倫比亞大遊行」之表演情景。
圖片來源：林沖／提供

景。制度面的完善可以從日本經紀公司的運作模式上略見一二。我因為參與《香港》演出正式在日本出道後，首要之務就是加入經紀公司。之後便透過公司的經紀人幫忙處理合約，打點行程，這樣藝人自己才能夠把時間精力都花在專業的琢磨上。我先跟東寶簽了電影約，後來又跟日本哥倫比亞唱片公司簽了唱片約，這兩份合約雖然同時存在，卻不會互相干擾。因為兩邊經紀人自己會保持聯繫，互相協調，所以我的工作都得以安排妥當。此外，經紀人還負擔著一項很重要的任務，那就是教導新人對工作的基本認知以及新人處世的原則，這兩點對藝人來說尤其重要。

在日本的職場上，大家都很講究禮貌。一進演藝圈時，經紀人就會細心指導這一點。無論藝人何時到現場，都要好好地跟人鞠躬打招呼，特別是前輩。什麼是前輩呢？只要比你出道早的就是前輩，不管對方是大牌還是小牌，是表演者還是工作人員，都要保持尊敬的態度。像我參加哥倫比亞年度音樂盛會「哥倫比亞大遊行」（コロムビア大行進）時，在劇場的後台，大牌前輩歌手如美空雲雀等都是一人一間大休息室。他們通常都很早就到了，在房間裡做上台前的準備。只要我們進後台，一定要到前輩的休息室門口問候。無論時間早晚，都先說一聲「おはようございます」（早安），然後講自己的名字，最後再深深一鞠躬，說「よろしくお願いします」（請多指教），這才回到自己的休息室。在打招呼的過程中，前輩並不會打開房門多看你一眼，但你還是要這樣做，這是一種禮貌，更是一種尊敬。工作結束時，逢人就要問候一聲「お疲れ様でした」（辛苦了），這也是必要的。

除了禮貌之外，良好的時間觀念也很重要。在那個時代，日本電視劇的拍攝時間就是三個工作天，歌唱節目也是一樣。第一天主辦單位會提供表演曲目、音樂、服裝與走位指示，還要對key；第二天就要搞定服裝與化妝，進行彩排；第三天再從頭走一次，就正式

林沖演出歌舞秀《與越路吹雪一起》時的燕尾服定裝照。
圖片來源：林沖／提供

演出了。所以我剛回台灣表演時，真的很不習慣。明明現場通告已經來了，卻還要我晚點到。照台灣的不成文規矩，越大牌的人就越晚到，大牌遲到叫做正常。但是我在日本養成習慣了，都會比預定時間提早到，以便做足準備。每次發通告的工作人員都會說：「林大哥你其實不必這麼早來，因為我們這裡的大牌都是要用『催』的，三催四請、五請、六請，好不容易才會請到場。所以不管多晚到，我們都會等。」

對藝人來說，形象最重要。這不只在於維持外貌、身材，平常與人交往也要保持最優雅的一面，這是一種禮貌。我曾看過有些台灣的年輕歌手只會唱幾首歌，上過幾次電視，就以紅星自居，連基本的禮貌都沒有。這顯然是經紀人沒有好好教導他們做人處世的基本道理。我每次遇到這種情況，就會語重心長地跟經紀人溝通，告訴他們要讓一個藝人紅得長長久久，最基本的要求就是要能對前輩以禮相待。根據我自己的經驗，越大牌的明星，態度往往越謙虛，表現傲慢的人反而紅不起來。畢竟，是不是「紅牌」不是自己說了算，還是要別人打從心底歡迎你、尊敬你，只有這樣，才是真的紅，也才能紅得長久。即使紅了，也要守時、有禮，對同業懷抱尊重之心，這才是真正的明星該有的風範。我的日本經驗中，最寶貴的資產其實不是成名，而是我在日本演藝圈見識到的嚴謹訓練與完善制度。我曾與許多大明星合作，受到頂尖明星對自己的高度要求與敬業態度的影響，我終身也都是以這樣的標準自我鍛鍊與自我要求。

名古屋往来

マゲモノにも出たい

陽気な二枚目

林沖

雖有幾分機運加持，但是林沖靠著自身的努力，在日本發展的短短幾年間，在歌、舞、劇方面都繳出了非常亮眼的成績單。

圖片來源：林沖／提供

人物小知識

大川博

日本企業家，東映電影公司實質創辦者。大川於一九五一年二月擔任東映前身「東京映画配給」的社長，成功解決公司財務問題，並趁著日本「時代劇」（主要是指以一八六八年明治維新前為時代背景的日本古裝劇）風潮興起，讓東映成為當時日本電影界賣座第一的公司。一九六〇年，大川擔任日本首座民間教育電視台「日本教育電視台」社長，將其改名為「ＮＥＴＴＶ」，亦即日後的「朝日電視台」。

佐久間良子

日本演員，為東映電影公司一九六〇年代前期的當家女星。後來由於黑道片和情色片逐漸成為東映主流，遂轉向電視劇發展，之後獲得菊田一夫演劇大賞與文部省藝術祭賞，成功奠定日本國民女星的地位。

石井綠（石井みどり）

日本舞蹈家，本名折田ハナ。一九三〇年進入知名舞蹈家石井漠創立的舞蹈研究所習舞，後於一九三六年成立自己的舞蹈研究所。二戰前曾至滿洲與台灣，戰後則擔任過全日本舞蹈聯會會長、現代舞蹈協會會長等職務。

近藤玲子

日本舞蹈家，曾跟隨有「日本芭蕾之母」美稱的俄國芭蕾舞伶Eliana Pavlova習舞。一九五一年創立「近藤玲子芭蕾舞團」（近藤玲子バレエ団），並於一九六四～一九九七年間在讀賣樂園（よみうりランド）的水上芭蕾劇場（水中バレエ劇場）擔任藝術總監。近藤也是日本爵士舞界的重要人物，曾任日本爵士舞藝術協會會長，亦曾受邀為寶塚歌劇團編舞。

夷光

台灣電影演員，本名張美娟，有「台灣第一美人」之稱。一九四八年從影，一九五四年在《罌粟花》一片中首次擔任主角，迅速走紅。之後加盟中影，陸續主演《夜盡天明》（1956）等片，並與首任丈夫袁叢美創辦「中國華僑影業公司」，出品以台灣原住民為背景的文藝片如《阿美娜》（1957）等。一九六一年夷光前往香港發展，但在拍完《危險人物》（1967）後閃電息影，遠嫁義大利。

尤敏

香港電影演員，本名畢玉儀，為粵劇名伶白玉堂之女。一九五二年因外型出眾而被邵氏發掘，自取藝名為「尤敏」。一九五八年與邵氏公司約滿後轉投電懋，因《玉女私情》（1959）、《家有喜事》（1959）兩片獲得亞洲影展最佳女主角，不久又憑《星星月亮太陽》（1961）獲得第一屆金馬獎最佳女主角，演藝事業攀至高峰，成為家喻戶曉的知名女星。其後參與電懋與東寶合作的香港系列電影，被日本新聞界譽為「香港的珍珠」。

寶田明

日本演員，一九五三年進入東寶，以高挺身材與英俊外貌成為東寶力捧的小生明星，主演多部電影，聲名大噪。一九六〇年代，他與尤敏主演的東寶香港電影系列在日本與港台皆大受歡迎，奠定其在東亞的名聲。此外他也經常參與音樂劇演出，亦曾擔任環球小姐日本代表選拔賽的主持人。

李湄

香港電影演員，原名李景芳。一九五二年競選香港小姐後改名為李湄，並於《流鶯曲》（1954）一片中首次擔任主角。一九五五年十二月與電懋前身「國際影片發行公司」簽約，此後逐漸大放異彩，其代表作有《龍翔鳳舞》（1959）、《桃李爭春》（1962）等歌舞片。

何應欽

字敬之，貴州人，陸軍一級上將。畢業於日本陸軍士官學校，曾任黃埔軍校總教官、陸軍總司令、參謀總長、國防部長與行政院長等要職，二戰結束後，曾代表中華民國政府接受日本投降，是國民黨軍政界首屈一指的人物，也是國民黨內知名的「日本通」。

菊田一夫

日本劇作家及製作人，曾任東寶董事，是當時東寶演劇部門的實質領導者，也是日本當代音樂劇的關鍵推手。日本戲劇界的重要獎項「菊田一夫演劇賞」亦以其命名。其代表作有日本一九五〇年代初期轟動一時的賣座電影《請問芳名》（君の名は）等。

越路吹雪

日本歌手與演員，本名河野美保子，寶塚歌劇團主演男役出身（二七期生），有「香頌女王」的美譽。越路一九五三年去巴黎時，曾聽過法國香頌界傳奇人物愛蒂・琵雅芙（Edith Piaf）的現場演唱而受啟發，立志成為香頌歌手，也翻唱許多琵雅芙的名曲如〈愛的讚歌〉等。越路與美空雲雀、吉永小百合一樣，都是日本國民偶像，在日本擁有相當高的人氣，亦曾登上NHK年度歌唱盛事《紅白歌唱大賽》（紅白歌合戦）等知名電視節目。

浜木綿子

日本演員，寶塚歌劇團主演娘役出身（四〇期生）。在寶塚時期即以美聲、美貌還有傑出的演技聞名。退團後成為東寶旗下演員，主要活躍於電視劇與舞台。曾獲菊田一夫演劇賞與紫綬褒章等多項獎項肯定，其子為知名電視劇演員香川照之。

古關裕而

日本作曲家，本名古關勇治，是首次入選國際古典音樂賽事的日本作曲家。之後進入哥倫比亞唱片公司，從古典樂轉向流行樂發展。二戰後又與菊田一夫搭檔，一生寫過的曲子據說高達五千首，包括一九六四年東京奧運的奧運進行曲與讀賣巨人隊的加油歌。

菅原謙次

日本演員，舊藝名為菅原謙二，本名為小松原重政，長年活躍於電影、電視與舞台，曾任日本俳優協會常任理事。由於擁有柔道三段的資格，也經常飾演柔道家的角色。

小泉博

日本演員與主持人，本名小泉汪。慶應大學經濟系畢業後進入NHK擔任主播，後來接受知名電影製作人、也是日後東寶電影公司社長藤本真澄的邀約而進入東寶，以飾演開朗都會型男的角色而聞名。代表作為日本國民漫畫《海螺小姐》（サザエさん）改編之一九六五年電視劇版本中的河豚田鱒男（フグ田マスオ）。

ジェリー伊藤

日美混血的歌手與演員。其父為活躍於英美的傳說舞蹈家伊藤道郎。ジェリー伊藤曾於紐約學習戲劇，也在百老匯出道過。在日本時活躍於電影、電視劇、廣告與音樂劇等多樣領域，最知名的角色是東寶怪獸電影《摩斯拉》（モスラ）系列中的外國流氓。

美空雲雀（美空ひばり）

日本歌手與演員，本名加藤和枝，為昭和時期代表性的歌壇巨星。十二歲出道時便被喻為「天才少女歌手」，並開始主演電影，當時還創下主題曲賣座的史上最高記錄，而獲得全國性的知名度。生平主演電影超過一百五十部，也是日本第一位獲得國民榮譽賞的女性，在歌壇更有「歌謠界女王」的稱號。其代表歌曲有〈柔〉、〈悲傷的酒〉（悲しい酒）、〈蘋果追分〉（リンゴ追分）、〈川流不息〉（川の流れのように）等。

你知道嗎？

- 由於漢文化視俳優為賤業的傳統，因此，早期台灣社會上對專業演員有歧視及偏見。日治時期報刊以戲劇為主題的報導中，常見「禁戲輿論」。特別是車鼓、採茶戲、歌仔戲這三種日常生活中最常見的大眾娛樂，不管是官方、地方上受傳統漢文教育的菁英仕紳，還是接受日本現代教育的知識分子，對這幾種戲曲表演都持反對態度。

- 東映全名為「東映株式会社」，為日本五大電影公司（東映、東寶、松竹、角川、日活）之一，創立於一九四九年，也是朝日電視台的主要股東。
- 三神器原本指的是日本創世神話中，由天照大神傳給天孫，乃至後世日本天皇代代相傳的三件神器：八咫鏡、天叢雲劍（又名草薙劍）與八尺瓊勾玉。後引申為重要的工具或物品。
- 在日本演出滿座（日語稱為「満員」）時，會獲得主辦單位或經紀公司的額外謝禮，稱為「大入り袋」。算是演出酬勞之外的紅包。
- 東寶為日本五大電影公司之一，由阪急電鐵創辦人小林一三於一九三二年設立，原名「株式会社東京宝塚劇場」，主要營業項目為戲劇與電影。在一九三四年東京寶塚劇場開幕後，小林陸續買下日比谷一帶的日本劇場與帝國劇場等大型劇場，使得東寶和以淺草為根據地的「松竹」齊名，成為東京兩大娛樂事業的龍頭。
- 電懋全名為「國際電影懋業有限公司」，為香港的電影製作發行企業，由馬來西亞著名華商陸佑之子陸運濤於一九五六年創立。其作品以國語電影為主，全盛時期囊括不少香港明星如林黛、尤敏、葛蘭、樂蒂、李湄等人，經常與邵氏陷入白熱化競爭。但隨著一九六四年陸運濤在台墜機喪生，經營逐漸走下坡。一九六五年電懋改組為國泰機構（香港）有限公司，一九九八年初解散。

- 《香港之夜》（香港の夜）：為一九六一年東寶與電懋合作製作的電影，內容為寶田明飾演的日本記者在香港短暫停留時，遇到尤敏飾演的中日混血女子，所產生的一段沒有結果的悲劇戀情。
- 根據日媒《東京中日新聞》在一九六一年九月二日一篇名為〈李演技派の貫録　支那服のお客いっぱい〉（李氏演技派的存在感　許多觀眾身著中國服裝）的報導中提到，菊田在香港見到李湄時，覺得對方與越路吹雪十分神似，大吃一驚之下，遂產生創作《香港》這齣音樂劇的靈感。此外林沖也曾提到，當時越路原本是一頭紅髮，但菊田要求她染黑，以便看起來跟李湄更為神似，才能突顯鬧雙胞的戲劇效果。
- 寶塚為「寶塚歌劇團」的簡稱。該團為阪急電鐵創辦人小林一三於一九一四年在兵庫縣寶塚市創立的商業劇團，以表演音樂劇及歌舞秀為主，歷年來培育出許多日本演藝圈的中堅人物。特色是所有團員均為未婚女性，而且以反串男角的演員「男役」為一大賣點。東京寶塚劇場目前則為寶塚歌劇團在東京演出時的專屬劇場。順帶一提，「東寶」這名稱就是來自「東京寶塚劇場」這個寶塚歌劇團在東京演出時的主要據點。二戰後，東京寶塚劇場在演出寶塚歌劇團的大型作品外，曾數度作為《紅白歌唱大賽》會場，也上演過西洋歌劇與東寶音樂劇。但在二〇〇一年改建而重新開幕後，便作為寶塚歌劇團的專屬劇場使用。
- 日本劇場是曾經存在於東京有樂町的劇場，成立於一九三三年，簡稱「日劇」，是二十世紀日本娛樂界的殿堂級據點。原本由「日本映画劇場株式会社」經營，為日本第一個高級電影院，有「陸上龍宮」的美稱；但後來營運不善，由東寶收購，成為東寶的主幹劇場。二戰後，這裡以上演東寶電影、日劇舞蹈隊（日劇ダンシングチーム，簡稱NDT）的歌舞秀與當紅歌星的表演為主，《紅白歌唱大賽》也曾在這裡演出，而「站上日本劇場的舞台」更被當時視為證明藝人人氣的重要指標之一。一九八一年因建築老朽而閉館拆解，所在地目前則由東寶、松竹、朝日新聞三家大型企業共同經營。

- 松竹全名為「松竹株式会社」，為日本五大電影公司之一，其名稱來自創辦人白井松次郎及大谷竹次郎兩兄弟。一八九五年大谷竹次郎買下京都劇場阪井座開始經營，被視為今日松竹的起源。一九〇二年，大谷與其兄白井創立名為松竹的公司，陸續開始培養女演員及製作電影。目前松竹經營範圍以歌舞伎等傳統藝術、戲劇與電影為主。此外松竹也曾與東寶和角川共同成立富士電視台。松竹旗下曾經擁有過與寶塚歌劇團齊名的全女性歌舞表演團體「松竹歌劇團」（1928-1996）。
- 日本哥倫比亞唱片公司（日本コロムビア株式会社）是日本老牌唱片公司，一九一〇年創立於神奈川縣，一九二七年與美國的哥倫比亞唱片（Columbia Records）合作，進行唱片與留聲機的技術交流。一九二八年改名為日本哥倫比亞（日本コロムビア）。二戰後以製作及出版演歌、傳統藝能與學校音樂教材的唱片為主，後來也涉足流行歌曲。昭和時期旗下有美空雲雀、石川小百合、島倉千代子、森進一等演歌界的大明星，在當時唱片市場占有重要的一席之地。

第三章

星光綻放在東瀛

從小銀幕打開日本全國知名度

順利踏入日本影劇圈後，我便去拜會日本電影導演兼劇本家猪俣勝人。我跟猪俣導演算是舊識，當初我還在中影拍攝《荳蔻春怨》時，曾經接待過他。現在我來到日本，又闖出一點成績來，他便邀我拍了兩部由他製作的電影：《積亂雲》和《兩代和尚》。這是我在日本首度的電影演出，而且《積》片還有中影的穆虹這位當家女明星共襄盛舉。只是《積亂雲》從未上映，《兩代和尚》的母片現在已經不存在，留下來的相關記錄不多，相當可惜。

猪俣導演也是我在日本時的貴人。

《兩代和尚》（大吉ぽんのう鏡）是一部使用伊士曼彩色片拍攝的電影。所謂的伊士曼彩色片，指的是用「伊士曼彩色底片」（Eastman Color）拍攝的彩色電影。這種底片於1950年代初期上市，由於可以應用在一般的攝影機，又無需特別設備便可沖印拷貝，因此迅速取代之前拍彩色片常用的「特藝彩色」（Technicolor）技術。而且伊士曼彩色底片的感光度與粒子都有所改良，也讓攝影師在色彩運用上更自由奔放。

圖片來源：林沖／提供

他除了擔任獨立製片的導演，還是電視劇《檢事》（中文意為「檢察官」）的編劇。經由他的推薦，富士電視台在一九六一年十一月與我簽訂一年的電視合約，讓我參加這部他們新推出的長篇連續劇。這個節目於每週日晚上九點播出一個小時，我在劇中飾演留日學醫的中國青年，由於妹妹長得很像販毒集團的交際花，我便與日本治安當局合作，進一步破獲國際販毒案。節目

《檢事》中的林沖（左）。

《檢事》中的林沖（右）。

林沖與陳惠珠於《檢事》拍攝現場。

林沖（右）與《檢事》中飾演檢察官的男主角宇津井健。

圖片來源：林沖／提供

東方日報　中華民國五十一年二月十二日

林冲陳惠珠在日忙拍電視，徽叅「檢事」一片連拍一年，「春之舞」下月初公演

林沖與陳惠珠在日本闖蕩有成後，也逐漸受到華人媒體注意。圖為《東方日報》在1962年2月針對兩人在日本演出的報導。

圖片來源：林沖／提供

裡飾演我的妹妹的是另一位在日本發展的台灣藝人陳惠珠。陳惠珠在台灣念中學時，是經常得獎的游泳健將，後來又到東寶藝能學校深造三年，成績優異。她也是東寶旗下的影星，剛出道就參與大明星李香蘭主演的東寶電影《東京假期》（東京の休日，1958），後來還在蔡東華先生的安排下，與我一同在銀座日本劇場演出《春之舞》。這也是我第一次見到大名鼎鼎的蔡東華先生。由於我第一次演出電視劇就和陳惠珠同台，深深感到劇組對我的重視。這樣的禮遇自然也讓我更加戰戰兢兢，不敢有絲毫鬆懈。

關於我接拍《檢事》這齣連續劇，其實還有個幕後小八卦：陳惠珠在劇中的角色名字其實是我親妹妹的名字。本來這個角色是屬意由我妹妹來演出。當時她來劇組探班，被猪俣先生相中，但是正在念書的她不願意，所以這個角色就給了陳惠珠。

當時日本拍電視劇都是一鏡到底，不像現在可以隨時喊卡，然後重來，所以中途都不能NG出錯。一般來說，一旦機器開拍便得一路到底，犯錯的話十分嚴重。也因為無法重來，所以大家演出時都很認真。這樣聽起來是挺可怕的，但我來日本前就已經拍過電影，習慣鏡頭前的作業，因此演電視劇時，壓力反倒沒有演音樂劇時來得大。

然而，我總是提醒自己要抱著謙卑的心去學習，時時刻刻都要把握機會，不斷地讓自己更進步。在排戲前，我會先熟讀劇本。若情況許可，就會跟導演討論，針對劇本有疑慮的地方提出意見，進行調整。若沒有空，就要靠自己發揮想像力，多揣摩，找到最順暢的詮釋方式。我認為一個好的演員要懂得融入劇情與角色，而要成功做到這點，就得先用心做好角色研究。身為外國人，想要在原本就競爭激烈的日本演藝圈出人頭地，是非常不容易的事，除了要對戲劇有熱情外，更要時刻琢磨自己的演技，培養多樣技能。

我雖然因為是外國人，薪水拿得比同台的日本演員高一點，但當時還要照顧弟妹，其實生活上也不是真的很寬裕。而且就在連續劇開拍沒多久後，弟弟突然生病送醫，額外的醫療費也讓我的經濟很窘迫。猪俣導演知道我的狀況後，刻意安排劇情，讓我在每一集都有戲分，這樣我就能每週都領到酬勞。多靠他的熱心幫忙，我才能順利撐過來，因此我後來就把演藝經紀交給他的公司シナリオ文芸協会負責，跟陳惠珠一樣成為他旗下的藝人。

由於《檢事》為長篇連續劇，隨著這部劇的密集曝光，我也慢慢地在日本有了全國知名度。此後我又與NHK、NETTV（現在朝日電視台前身）、TBS等知名電視台簽訂長期演出合約，在日本演出電視劇長達五年時間。演出的作品除了前面提過的《檢事》，還有TBS電視台的《極東偵探員》（1961）、《是你的話要怎麼辦：美麗的變貌》（1967），NHK電視台的《海上微風》（1962）、《青年的季節》（1963），NETTV的《國際搜查指令》（1962）、《孤獨的賭注》（1963）、《加油！！大作》（1962-1963）、《戰友》（1963），以及日本電視台的《夫婦百景》（1962-1963）等。其中《青年的季節》是音樂劇風格的

電視劇《國際搜查指令》劇照。
圖片來源：林沖／提供

喜劇，演員也多為當時新生代的歌星，戲裡經常唱唱跳跳，很有意思。至於《加油！！大作》的背景則設於淺草商店街，我飾演一個淺草雷門附近商店街的小開，穿的是和服。這也是我第一次演日本人。由於之前演的不是混血兒就是華人，能演出道地日本人的角色，我心裡很高興，有種終於真正受到肯定的感覺。

此外，我還在《夫婦百景》這個當時很受歡迎的連續劇中登場好多次。記得有一集提到國際通婚，當時特別請到在日本滿紅的法國女演員Françoise Moréchand參與演出，她

林沖（右）與當時在日本走紅的法國女演員Françoise Moréchand（中）於人氣系列電視劇《夫婦百景》的演出場景。

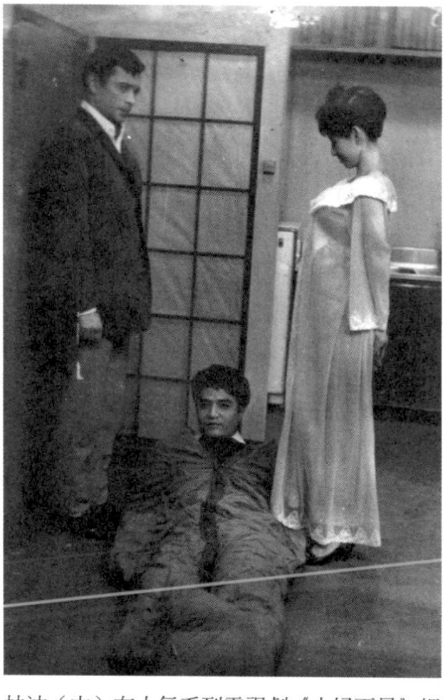

林沖（中）在人氣系列電視劇《夫婦百景》裡屢次登場。

圖片來源：林沖／提供

說得一口流利的日語，現實生活裡也是嫁給日本人。跟我在越路吹雪歌舞秀裡面合作過的東寶混血小生ジェリー伊藤，則跟東寶女星重山規子飾演一對夫妻。重山是日劇舞蹈隊出身的，長得漂亮又很會跳舞，之前蔡東華先生曾帶她來過台灣，所以也會講一點簡單的中文。另外有一集講男女平等的，裡面有位名叫扇千景的女演員。我當時只知道她是寶塚歌劇團出身，但沒想到她後來居然從政，還當上第一代國土交通大臣，最後成為日本史上第一位女性參議院議長。每次想到原來自己曾跟這麼卓越的人共同演出過，就覺得人生真是充滿奇妙的機緣。

如果說到讓我印象最深刻的電視劇作品，那還是非《戰友》與《美麗的變貌》莫屬。《戰友》雖然是連續劇，但每集主題都不一樣。我演的是第五集，在裡面扮演一個很能幹的中國將軍，曾經去過日本，後來被日本軍人抓到，差點被殺掉。劇情的亮點是，在這個命在旦夕的時刻，我曾經救過的日本人跑來救了我，才讓我免於一死。我當時演出的時候並沒有特別的感覺，拿到劇本就演，並沒想太多。不過，後來才知道，那時候（一九六三年），池田勇人首相的對華立場開始有點動搖，導致中、台、日政府之間的關係有點緊張，雪上加霜的是那年年底，中國訪日代表團團員想脫共投奔台灣，但池田內閣不但拒絕提供政治庇護，還將他遣返回大陸，這處置讓我國政府非常不滿，一度召回駐日大使表示

林沖《戰友》劇照。
圖片來源：林沖／提供

抗議。螢幕上，我的對手不忘我的救命之恩；現實中，兩國的外交關係則波濤洶湧，並不是那麼平靜。

《美麗的變貌》敘述一個想整形的少女與整形醫生之間的愛情故事，劇情特別有意思。我飾演的男主角，是一位從美國學醫回來開設整形醫院的醫生，女主角是前東寶明星水野久美，飾演因愛美前來整形的年輕女子，結果卻與醫生落入愛河。整部戲的重點，主要在於愛美女生在整形前後的種種心情變化。雖然這種主題在現在好像沒什麼大不了，不過在當時可是相當有話題性，因為整形美容才開始流行，矽膠隆乳更是當時轟動世界的新技術。《美麗的變貌》雖然看起來是愛情劇，但其實內容很有社會敏感度，劇本有很深的內涵。《美麗的變貌》也是我在日本主演的最後一部電視劇。之後，我因為轉往香港發展，主力都在大銀幕及舞台秀，再沒有機會演出電視連續劇。一直要到十多年之後，因緣際會才又在華視主演了江浪製作的連續劇，而且還是台語劇。

隨著我在日本的知名度越來越高，各種邀約也越來越多。但我仍把握機會在拍片及唱片宣傳的空檔，經常到夜總會等地表演歌舞。此外，我也經常受邀上電視。我第一次參加的電視節目，就是為了宣傳東寶的《香港》音樂劇。節目名稱沒印象了，只記得是一個音樂劇風格的綜藝節目，演出的單元叫做〈香港之戀〉。當時《香港》的劇組成員都去了，包括李湄跟我。我唱了〈我的一顆心〉這首歌的中文版。這首歌的唱片是從台灣寄來的，我聽著很喜歡，每天都聽，就學起來了。因為要伴奏，我特地把唱片交給電視台人員，然後節目的大樂隊便迅速編出配樂，好讓我能現場演唱，旁邊的舞群還穿上中國式的服裝伴舞。當時覺得他們這麼快就能配合演出，真是厲害啊。

至於我最常登場的則是NHK的招牌節目《比手畫腳》。這節目可說是日本益智問答節目的先驅，後來也有很多台灣綜藝節目爭相模仿。進行方式跟NHK新年歌唱節目《紅白歌唱大賽》一樣，分成男（白）女（紅）兩組，以比手畫腳的方式猜謎競賽。紅組組長是從前松竹歌劇團的大明星水の江瀧子，白組組長是知名落語家柳家金語樓，主持人則由NHK主播小川宏擔任。他當時很有名，後來還在富士電視台主持個人節目。

我上過很多次《比手畫腳》，幾乎平均一個月一次，錄久了，連NHK的工作人員也

林沖（前排左一）跟著NHK知名綜藝節目《比手畫腳》（ジェスチャー）出外景後，經常參加與當地民眾同歡的晚會。
圖片來源：林沖／提供

都認識我。這是全國性節目，會到日本各地去錄影。記得有一次還跑到北海道最北端的城市「稚內」進行現場轉播，從那裡還可以看到俄國的土地。我記得《比手畫腳》經常會找歌星去，因為節目進行到最後，會安排時間讓邀請來參與的歌星出來唱歌，娛樂現場觀眾。出外景做節目時，等電視轉播完畢後，通常也會就地舉辦一個晚會，進行歌唱表演，讓當地民眾開心同樂。

由於《比手畫腳》實在很受歡迎，我又經常參加，對於累積我的全國知名度助益相當大。一九六四年，我受邀參加《紅白家庭遊戲》。這是

林沖（前排左二）與混血模特兒鰐淵晴子（前排左四）參加《紅白家庭遊戲》的情景。
圖片來源：林沖／提供

另一個NHK新年節目，播出時間是在元旦後一天，也就是一月二日，參與者都是當紅的年輕明星。我能登上這個節目，可以說真的很不容易。由於這是新年播出的節目，所有人都要穿和服登場。當時我和一位相當有名的時尚模特兒鰐淵晴子同台，她是日本與奧地利的混血兒，非常漂亮，據說還有歐洲知名皇室哈布斯堡家族的血統。

鰐淵晴子跟我都是混血兒。那時代，日本的演藝圈正好流行混血兒明星，尤其有美國血統的更受歡迎。我想，我之所以能快速走紅，多少也跟我具有荷蘭血統，五官深邃有關。一開始，東寶也是以香港男明星的身分來介紹我，但是我在演完電影《香港之星》，有了一定的人氣基礎之後，就公開表示自己來自台灣了。

龍宮王子差點溺水

除了拍戲之外，我因為熱愛表演，也很樂於接受各種形象正面的演出類型。其中，我最難忘的一個表演經驗是為讀賣樂園在亞洲首度推出的「水中音樂劇」做宣傳。這是一種結合水上芭蕾、音樂與戲劇的新式表演，當時才剛剛發展出來。水上芭蕾早在二十世紀初的歐美就開始流行，一九三四年的芝加哥世界博覽會上，就有美國團隊演出含有水上芭蕾的現代人魚秀而造成轟動。一九五〇年代，美國的米高梅電影公司也拍了一部含有水上芭蕾表演的歌舞片，蔚為流行。因此一九六四年剛開幕的讀賣樂園，立刻跟上這股風潮，推出當時除了美國密西根湖之外全球唯二的現場水上芭蕾秀。

讀賣樂園在東京近郊的多摩區，是東京都內最大的遊樂園。現在還在營運。表演水中音樂劇的場地稱為水上芭蕾劇場，別名龍宮城，可容納五九四個座位，舞台則是一個儲水量高達四千三百噸，深度有十一公尺的巨大玻璃水槽，表演者就在水槽裡配合錄製好的音

林沖因為外型陽光又熱愛戶外運動而成為讀賣樂園的開幕嘉賓，並參與水上芭蕾劇場演出。水上芭蕾興起於1930年代，二戰後開始流行於歐美的泳壇，由於參與了這個水中音樂劇，林沖極可能是台灣史上第一位接觸過水上芭蕾的非職業運動員。
圖片來源：林沖／提供

樂與台詞跳舞演出，非常有趣。當時適逢劇場開幕，園方想安排一個會游泳、會跳舞、外型陽光又有全國知名度的藝人來進行宣傳，而我因為演出連續劇累積的名氣不小，便找上了我。

我本來就會游泳與跳舞，但是水中音樂劇雖然是以游泳動作為基礎，卻必須傳達美感，在水中的舞姿，如舉腿、沉浮等動作不只要優美，還要跟音樂伴奏融為一體。為此，園方特地聘請專家來訓練演出者如何在水中擺出專業的表演動作。我一來報到，便遇見我的現代舞老師近藤玲子，很是驚喜，原來她被邀請來主持水上芭蕾劇場，負責監製、編舞、導演與訓練演出者。我在劇中扮演一個岸上青年，潛水到海底龍宮，忽然看見一個貝殼，貝殼打開後裡面跑出身為珍珠公主的女主角，兩人一見鍾情一起快樂游泳。表演時，女主角會在水底打開貝殼，再將我拉入水中。

劇場開幕記者會時，園方邀請了許多媒體前來採訪。表演完後，我看到記者隔著玻璃帷幕拍照，生怕自己戴著蛙鏡會讓對方拍不清楚，居然一時自作聰明，特地摘下蛙鏡。但沒料到的是拿下來後，因為水壓的關係，頓時什麼都看不清楚，心裡一慌，竟放掉了原本抓著的氧氣管。那條管子每個演員手上都有一條，可是看不見也吸不到空氣的我，情急之下就趕緊把女主角的氧氣管抓過來吸，但這一來，換成對方沒氣了，所以她又連忙抓回去；兩人就如此互搶氧氣管。事後才知道，在水深四至五公尺下這樣做很危險，是會窒息的。果然，我不久就因失壓而昏過去。幸好救生員看到有狀況發生，趕緊游過來，把我們帶到水槽下方有空氣的房間內，經過緊急搶救後，我才醒過來，把所有人都嚇了一大跳。

沒想到水上芭蕾劇場開幕第一天，我就差點客死他鄉。我雖然熱愛表演，也覺得能將生命獻給舞台是件很浪漫的事，不過，幻想歸幻想，真的死在表演中途，可是會帶給大家極大的困擾。我並沒有因此被嚇壞而停掉水中音樂劇的表演，一方面是當時園方給我的演出酬勞很不錯，另一方面，我很喜歡看到觀眾的反應。所以剛開幕的那幾個月，我週末的時間幾乎都在水上芭蕾劇場的表演中度過。我的忘年之友大明星白光還來探過班呢！

星光熠熠的電影夢

就一個外國人而言，我的日本演藝之路走得還算順風順水，經常迎接各式各樣的演出機會。在小銀幕（電視劇）發展頗有斬獲後，我又因緣巧合回到了大銀幕（電影）。

一九六二年，我原本該在銀座日本劇場的歌舞秀《春之舞》中演出兩個月，但才演了一半的檔期，便接到通知，要我馬上加入東寶電影《香港之星》的拍攝。我因此提前離開劇組，前往香港投入工作。那時，因為尤敏與寶田明合演的電影《香港之夜》上映後票房奇佳，連帶把尤敏捧上天。東寶於是打鐵趁熱，繼續推出與香港有關的娛樂作品，而這次要演的《香港之星》就是香港電影系列的第二部。

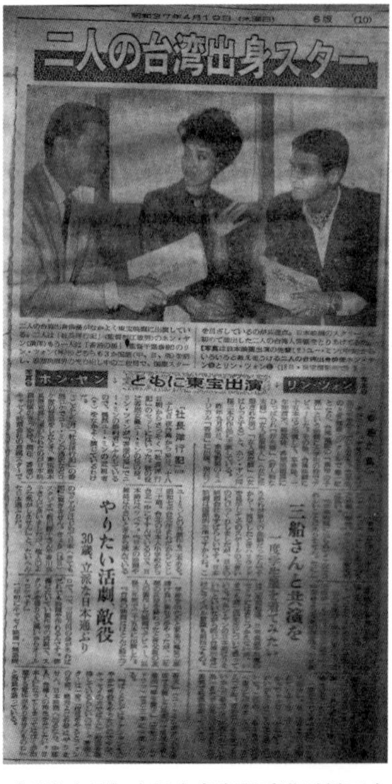

二人の台湾出身スター

ともに東宝出演

三船さんと共演を

やりたい活劇、敵役

《香港之星》由日本東寶與香港電懋兩大電影公司合作，也是林沖在日本開始走上大銀幕的關鍵性作品。
圖片來源：林沖／提供

《香港之星》一樣是由尤敏與寶田明攜手演出。片中，我飾演尤敏的弟弟，從香港到日本學醫，形同第二男主角。我的表現很受觀眾肯定，這讓我很開心。由於此時香港熱仍未退燒，片子大賣座，因此東寶再度趁勝追擊，又推出同系列第三部電影《香港．東京．夏威夷》，由松山善三擔任編劇。這一片的主要演員除了尤敏與寶田明，還有加山雄三以及人稱「東寶三寵」（東宝スリーペット）之一的星由里子，是東寶新進的女明星。我在裡面飾演喜歡尤敏的香港醫生，無奈尤敏愛的是寶田明飾演的日本記者，可是尤敏的妹妹卻喜歡上我，是一齣描繪三角戀情的時裝劇。東寶這三部與香港有關、卡司豪華的大製作電影中，我就演了兩部，也都是重要的角色。時運走到此時，我很慶幸自己當時沒有因為「沒魚

林沖與尤敏在《香港之星》。

林沖（右一）與尤敏（右三）在《香港之星》。
圖片來源：林沖／提供

林冲《香港・東京・夏威夷》劇照。

《香港・東京・夏威夷》宣傳文案。

林冲與寶田明。

新生報 3.9

回家算過客

林冲奔波忙

機場擁吻夏琴心

他說蕙珠未結婚

松山機場停留了三十五分鐘，他的爸媽，小妹及女友影星夏琴心，均到機場歡迎。

《新生報》中關於林冲赴日發展的相關報導。

圖片來源：林冲／提供

林冲（右）在片場把玩相機。

蝦也好」的心態，去接演東映的暴力組小弟。要不然，從此背負著反派的銀幕形象，也就沒有機會來東寶了。在日本，一旦你被定了型，之後要再改變戲路就很困難。

東寶公司對我非常禮遇，也很看重我。在這段時間，我也認識了三船敏郎、長門裕之等大明星。由於電影明星香川京子跟三船敏郎經常在黑澤明導演的電影

台灣演員王莫愁（華欣，右二）曾赴日拍攝日活與中影合作的電影《海灣風雲》（金門島にかける橋），頗受日本媒體矚目，甚至還登上日本富士電視台知名談話性節目《明星一千零一夜》（スター千一夜）。圖為該節目錄影情景，林沖（右一）擔任王莫愁的口譯，左二為日活黃金時期的代表性女星芦川いづみ。

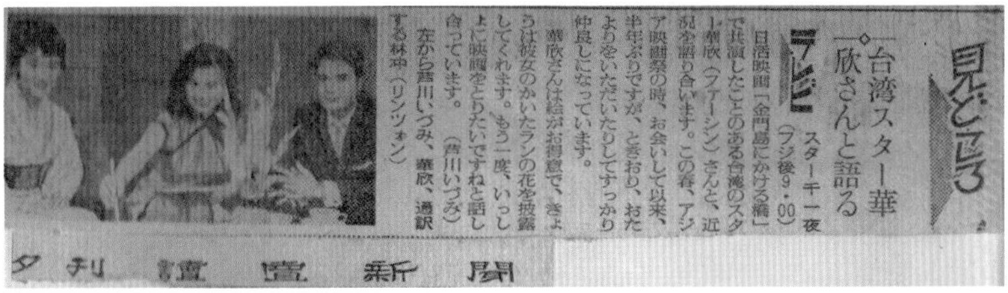

見どころ

台湾スター華欣さんと語る

テレビ

スター千一夜（フジ後9・00）

日活映画「金門島にかける橋」で共演したことのある台湾のスター華欣（ファーシン）さんと、近況を語り合います。この春、アジア映画祭の時、お会いして以来、半年ぶりですが、ときおり、おたよりをいただいたりしてすっかり仲良しになっています。

華欣さんは絵がお得意で、きょうは彼女のかいたランの花を披露してくれます。もう一度、いっしょに映画をとりたいですねと話し合っています。（芦川いづみ）

左から芦川いづみ、華欣、通訳する林冲（リンツォン）

夕刊讀賣新聞

芦川いづみ（左）出身於日本三大少女歌劇團之一的「松竹歌劇團」，經常在電影中與一代巨星石原裕次郎搭檔演出。圖為她在《讀賣新聞》上談論《明星一千零一夜》節目亮點的短文。

圖片來源：林沖／提供

中合作，飾演他的戀人或妻子，彼此很熟悉，而香川的小弟又跟我是學校的同學，所以香川與我也常有來往。基於這樣的機緣，她還帶我拜訪三船敏郎的家。三船的家非常豪華氣派，不愧是大明星住的地方啊！後來三船也經常邀請我去他家吃壽喜燒。我很珍惜這段機緣，至今，我仍保留著我跟他所拍的合照。我走紅之後，不但有機會跟明星來往，也透過學習這些前輩，自己更努力地往明星之路前進。

林沖與香川京子。

林沖與三船敏郎，攝於三船自宅。
圖片來源：林沖／提供

在兩部《香港系列》電影之間，我還接演了由佐藤允主演的《山貓作戰》（1962），並再度跟星由里子同台，她演我的妹妹。這是一齣描寫中日戰爭的電影，當時算是挺賣座的，而且我的戲分不輕。我在戲裡飾演一個中國地下情報工作者，平常在街頭表演槍舞賣藝維生，趁著演出空檔打探日本方面的情報，因此有多場的槍舞表演。這段槍舞不僅幫助我打進日本演藝圈，還在我的東瀛星路上一直發揮作用，讓我內心很感謝蔡瑞月老師的幫忙。我怎樣也想不到，從音樂劇到電影，舞蹈宛如我的獨門武器，一路幫助我在日本演藝圈的發展。這實在是當初那個背著父親，偷偷跑去學舞的孩子完全想像不到的未來啊！

東寶出版的歷年影劇作品清冊上，可看到1962年林沖演出電影《香港之星》與《山貓作戰》。

圖片來源：劉國煒／提供

《山貓作戰》讓我分外懷念，除了槍舞外，還有一個原因，就是這部片有很多打鬥場面，充分突顯我的男性氣概。之前，我總覺得自己是「二枚目」（日語中「白面書生」之意）型的演員，亦即比較適合演文藝愛情片。沒想到我演這種激烈的武打戲也挺好看的，真希望還有機會能再看一次這部片子，好好回味一下。

之後，我又在一九六三年演出電影《香港瘋狂作戰》，這是由當紅的浜美枝主演的喜劇片，她也是「東寶三寵」之一。不過我在其中只有客串演出香港人導遊一角，戲分不多。一九六五年的《戰地之歌》是我在日本最後一部電影作品，跟《山貓作戰》一樣，都是以中日戰爭為背景的故事。我在片中的角色是一名地

林沖《戰地之歌》劇照。
圖片來源：林沖／提供

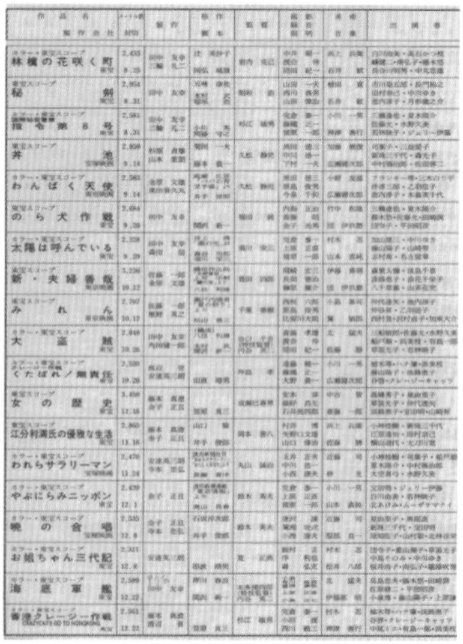

1963年起，林沖的電影作品產量開始減少，此時期主要的作品為電視連續劇。儘管東寶電影的香港系列相當受歡迎，但是隨著這個題材的逐漸退燒，林沖亦只在《香港瘋狂作戰》中客串演出。
圖片來源：劉國煒／提供

下情報工作者，還有另外一個身分是京劇名角的小孩。由於拍攝當時，與東寶合作的台灣明星張美瑤正好人在日本，透過蔡東華先生介紹，東寶便安排她在片中客串演出我的未婚妻。總體來說，雖然我在日本參與過的銀幕演出不少，但在日本電影界的主要發展，還是以東寶製作的五部片子為主。

我在日本電影界走紅的消息傳回台灣之後，父母親才發現我在日本已經成了明星。雖然我父親本來對於我沒有按照他的規畫走，相當不高興，但是當他看到報紙成天報導我的消息之後，也漸漸接受了我已在日本闖出一片天的事實。媽媽偷偷地告訴

中華民國五十二年三月二十七日　星期三

林冲在日成電視紅星

中華日報

圖為《中華日報》於1963年之報導。
圖片來源：林冲／提供

我，他後來就開始主動收集跟我有關的各種剪報。算是終於肯定了我在日本的努力。儘管我沒有當成外交官或醫生，但是，我還是用我自己的方式讓父親能夠以我為榮。他曾經得意地告訴別人：「我這個做爸爸的只有台灣人知道而已，但我的兒子林沖可是連整個東亞都知道啊！」

東洋王子出唱片

我在日本的事業，除了舞台、電視和電影之外，又因一個偶然的因緣，讓我也在歌壇出道當了歌星，成了名符其實的全方位藝人。

雖然我很喜歡唱歌，但是出唱片本不在我的事業規畫之內，會成為歌星，完全是一個無心插柳柳成蔭的結果。一九六四年某天，我受邀至名古屋參加親戚的婚禮。那時我在日本已經有點名氣，親戚便介紹我上台講幾句話，唱一首歌。由於是婚禮，我希望大家都能開開心心，便唱了一首當時台灣很流行的山地歌謠。這首歌曲調活潑，我又連唱帶跳，帶動氣氛，不但現場賓客都被我歌聲中的熱情所感染，在公眾場合總是拘謹矜持的日本觀眾更是看得目瞪口呆。

等我回到座位，坐在對面的日本人便遞來名片，自我介紹他是日本哥倫比亞唱片公司的總裁，邀請我回東京後到他們公司去聊聊。哥倫比亞是當年日本最大的唱片公司，旗下知名歌手有鼎鼎大名的美空雲雀、森進一等人。他們的總裁親自遞名片給我，可說是非常有面子的一件事。不過年輕的我並沒有把這個邀約當成一回事，收下名片後，很快就忘記了。

林沖於日本哥倫比亞唱片的錄音室。
圖片來源：林沖／提供

沒想到回東京不久，我便接到哥倫比亞總裁秘書打來的電話，表示總裁想約見我，希望我能夠立刻到公司去。雖然臨時邀約實在不太合乎日本大企業的作風，但我也沒多想，就趕緊過去了。一進到辦公室，才發現公司內的知名作詞家與作曲家都在現場，陣仗很大，他們希望我能再唱一次婚禮當天表演的山地歌謠。初生之犢不畏虎，我當時根本不知道緊張害怕，反正我本來就熱愛表演。於是，我就搭配著舞蹈，開心地從頭表演了一遍「娜魯灣多伊呀那呀嘿……」，沒想到在場的人都很喜歡，公司馬上就跟我簽下唱片合約，並開始安排灌錄出片事宜，讓我既意外又開心。後來想想，如果當天在婚宴上，我選唱的是日本流行歌或西洋歌曲，可能就不會引起總裁的特別注意。畢竟，唱日本歌，我比不過日本人；唱西洋歌，我也不算特別擅長，反倒是日本人沒聽過的山地歌謠，讓他們覺得有趣，也因此促成這個合作計畫。

之前由於忙著拍戲，加上照顧弟弟，我一直找不出時間來加強歌藝。不過在東寶演出音樂劇時，我便已開始接受初步的歌唱訓練。畢竟要登上東京寶塚劇場那麼大的一個舞台，不好好學唱歌是不行的，尤其與我對戲的日本演員雖然不全是歌星，但也都是歌唱強手。有了那次體認深刻的經驗，一聽到要錄唱片，我就自己花錢找了專門的歌唱老師正式學唱。那時，真的是拼命學習呢！而公司這邊也相當用心，特別請來當時知名的音樂家服部良一協助我的發聲練習，還有〈可憐的戀花，再會吧〉日語原曲作者，也是知名作曲家上原げんと指導我的歌唱技巧。那時公司裡有位女歌手，是唱日本歌謠的，藝名叫神樂坂まん丸，跟著昭和時代知名的演奏家及作曲家古賀政男老師學習。她對我很好，知道我也想拜古賀老師為師，便陪我去拜訪老師在澀谷的家。可惜去的那天老師剛好不在，由知名編導松山善三出來接待我們。我雖然跟古賀老師沒有緣分，不過，跟松山先生在拍攝《香港．東京．夏威夷》時便已相識，幾個月後，我在片場又遇到了松山先生，原來他就是電影《戰地之歌》的導演，世界還真的是很小。

訓練結束後，公司安排了名作詞家石本美由起與上原聯手為我量身打造第一張四十五轉唱片專輯：《香港旅情／東京夜來香》（1964）。這張唱片算是相當成功，特別是〈香港旅情〉這首歌一出來之後，便在台灣造成轟動，還被翻唱成台語歌〈香港戀情〉。不過，因為我一直都在海外發展，加上當時也沒什麼版權或原唱者的概念，因此這首歌雖然廣為流傳，卻沒有太多人知道原唱者就是我。至於〈東京夜來香〉這首歌，我還保留著當初石本美由起老師寫在哥倫比亞唱片公司用紙上的手稿呢。

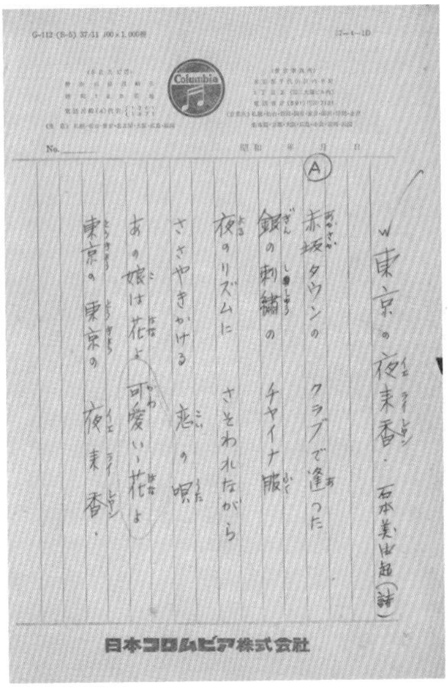

知名作詞家石本美由起寫在哥倫比亞唱片公司用紙上的《東京夜來香》手稿。
圖片來源：林沖／提供

哥倫比亞公司相當禮遇我，不但以「東洋王子」（東洋のプリンス）的稱號來為我打響名號，還安排簽名會與爬富士山看日出等活動，方方面面的宣傳都很到位。直到現在，我都還記得當時在山上看到的七彩雲彩，真是漂亮啊！雖然我那時已經是有全國知名度

林沖（右三）與小林幸子（左一）同時在哥倫比亞唱片出道。 圖片來源：林沖／提供

哥倫比亞唱片為林沖在名古屋的阪急百貨所舉行的簽名會，圖中可以看到「東洋王子」（東洋のプリンス）宣傳字樣。

的藝人了，但在歌壇卻算是剛出道的新歌手。因此，公司又將我列入該年度主要推薦新人名單上。我記得與我同時出道的四位新人中，就有當時還是個小女孩的小林幸子，而現在被奉為日本演歌天王的北島三郎，在那時也才剛出道不久。

由於公司的器重，我還被安排參與不少重要的活動。像是每年都會定期舉

林沖（右）於「哥倫比亞大遊行」中的演唱情景。 圖片來源：林沖／提供

辦的大型公演「哥倫比亞大遊行」，旗下所有歌手，包括大明星美空雲雀等人在內都會參加。我也有幸參與該活動在大阪大劇場與有樂町日本劇場的演出。此外，當時公司在名古屋有個特別公演，叫做「名古屋歌唱祭」（歌う名古屋まつり），參加者大多是當紅歌星。我因為剛出道就有了一定的名氣，也獲邀共襄盛舉，甚至在裡面跟松竹女演員水原ゆかり合演一小段戲。連哥倫比亞在三重縣津市舉行的地方公演「哥倫比亞藍緞帶秀」（コロムビア ブルーリボンショー），我都參與了。我記得在哥倫比亞活動中演出時，公司要我上台後一定要先向觀眾一合掌，再鞠躬致意；

哥倫比亞唱片公司舉辦的「名古屋歌唱祭」（歌う名古屋まつり）是由旗下歌星組成的演唱會。

林沖在「名古屋歌唱祭」中表演的情景。
圖片來源：林沖／提供

林沖在哥倫比亞唱片公司舉辦的「名古屋歌唱祭」中與松竹女星水原ゆかり同台演出。

哥倫比亞唱片公司在三重縣津市舉行的地方公演「哥倫比亞藍緞帶秀」（コロムビア ブルーリボンショー）之海報。

圖為林沖在「名古屋歌唱祭」表演時，以公司設計的獨特手勢跟觀眾致意的情景。

圖片來源：林沖／提供

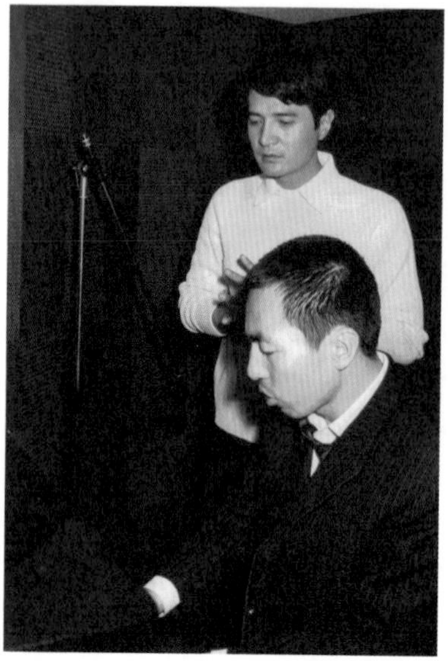
林沖和作曲家叶弦大。
圖片來源：林沖／提供

《香港旅情／東京的夜來香》唱片封面。

這是特別為我設計的打招呼方式，以突顯我的外國身分，讓我的登場跟其他人分外不同。日本人在細節上的重視，真的讓人相當佩服。

我在哥倫比亞一共發行了四張專輯，可惜現在只留下《香港旅情》這一張而已。後來公司有位名叫叶弦大的作曲家到日本皇冠唱片公司（日本クラウン）發展，就邀我去錄音。當時這家公司剛成立沒多久，到處挖角歌星到旗下去。叶弦大原本是哥倫比亞的歌手，藝名叫清原まこと，但始終沒能大紅。不過他很有才華，就轉行當作曲家，後來還擔任日本作曲家協會會長，相當有名。我進入哥倫比亞後，他很快就跟我結為好友，經常邀我

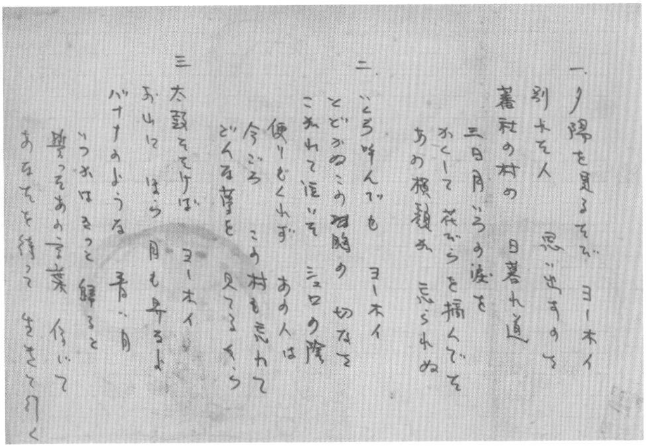
一、夕陽を見るたび　ヨーホイ
別れた人　思い出すのさ
蕃社の村の　日暮れ道
三日月いろの淚を
かくして　花びらを摘んでた
あの横顔が　忘られぬ
二、いくら呼んでも　ヨーホイ
とどかぬこの胸の　切なさ
こがれて泣いた　シュロの陰
便りもくれず　あの人は
今ごろ　この村も忘れて
どんな夢を　見てるやら
三、太鼓をたたけば　ヨーホイ
お山に　ほら　月も昇るよ
バナナのような　青い月
いつかはきっと　帰ると
誓ったあの言葉　信じて
あなたを待って　生きて行く

作曲家叶弦大將台灣的〈山地情歌〉譯為日語歌詞之手稿。
圖片來源：林沖／提供

到他家吃壽喜燒。他的房子非常氣派，夫人也很漂亮。

叶弦大到了皇冠唱片後，就幫我寫歌，要我好好練唱，又找了合音與樂隊搭配，最後錄了兩首單曲，可惜後來因合約問題無法發行。我還記得其中一首歌叫做〈ポンカラ節〉，中文翻譯成〈蹦打拉蹦打〉，是飲酒時助興用的曲子，歌詞內容按照春夏秋冬排列，副歌則是節奏輕快的「Ponkara Ponkara、Ponkara Ponkara、Ponkara Ponkara、Pon Pon～」既有趣又好聽，沒能在日本出片實在很遺憾。還好，當時錄音的母帶在我手中。回台之後，我把母帶送給國立傳統藝術中心的臺灣音樂館收藏。這首歌曲很有趣，如果有機會，我還想重新填上中文歌詞，再好好唱一遍。

外國人的玻璃天花板

我在日本期間，隨著電影、電視劇、音樂劇及唱片作品陸續問世後，名氣大開。那時旅日的棒球明星王貞治接連贏得全壘打王，我國僑胞在大阪幫他辦了一個後援會，不但邀我參加，也想幫我成立一個後援會來替我加油打氣。但是我因為主要的活動地區不在大阪，也就不了了之。不過，在日本的那幾年，我算是當紅的台灣明星，所以每逢國慶日等特別的紀念日或慶祝活動，台灣的駐日大使館都會邀我去表演。

有一天，大使館的人打電話給我，希望我代表台灣飛往韓國參加漢城（現在的首爾）即將舉行的第一屆「亞洲歌唱大賽」（亞細亞大歌謠祭）。我記得比賽是一九六七年的七月，大概是因為當時在台灣要出國，手續上很麻煩，我剛好人在日本，相較而言比較方便。能夠用我的專長幫國家效力，我當然萬分樂意，就一口答應下來。但要選哪首歌來唱呢？

當時我很喜歡台語歌謠大師楊三郎的作品〈思念故鄉〉。這首歌原來是話劇《戰火燒馬來》的同名主題曲，歌曲傳達了思鄉的情緒，唱起來非常感人。於是我把歌名改成〈故鄉之歌〉，自己填入中文歌詞，並請當時住在我日本家裡的好友劉錦士幫忙順稿。我另外還在歌中加了一段口白，是我身為異國遊子的心情寫照。當時我雖然經過一番努力奮鬥，在日本已經有了名氣，但無論是大小銀幕還是舞台，多半都還是只能演第二男主角或中國人的角色，發展仍有一定程度的限制。我是外國人又是新人，難免也會受到排擠，加上跟弟妹住在異鄉，無法與父母團聚，又經歷弟弟病重入院的驚慌，心中經常充滿無處訴說的孤單與思念。有不少時候，我恍如失落在鬱積的迷霧中，一想到母親與故鄉，就忍不住會落淚。

表演這種事，如果連自己都沒有感動，那麼台下的觀眾一定更難有共鳴，舞台上的表演者也就會沒有存在感。因此，為了讓韓國當地

第一屆「亞洲歌唱大賽」宣傳廣告，可看到左下方有林沖之頭像。
圖片來源：林沖／提供

林沖在「亞洲歌唱大賽」之表演場景。

漫步在漢城（今首爾）街頭的林沖。
圖片來源：林沖／提供

的觀眾更能體會我在歌曲中要表達的思鄉情，我特別到韓國大使館找當地的領事，請對方幫我把口白翻譯成韓語，再把這段韓語背起來。這樣一來，雖然歌詞唱的是中文，但是，口白是韓語，就可以把我的心情傳達給觀眾。

那位領事小姐既年輕又漂亮，對我好得不得了。她把翻譯好的韓語台詞一句一句地教我唸，我就拼命背起來。正式比賽時，當大家聽到，

「我離開了家，已經有好幾年了。
流浪的生活，使我常常想起我那生長的地方，
因為那裡有我慈祥的母親，她每天都在等我回家，
啊！母親唷！」

台下掌聲就如泉湧般停不下來！最後，我得到冠軍，真的開心極了！直到現在，我都還記得當時口白的最後一句：「啊，어머니（喔摸尼）唷！」

「喔摸尼」是韓語，意思就是「母親」。想念家鄉、想念母親是很多人共有的經驗，加上南北韓因政治分隔，許多人無法與親人團聚，當地觀眾想必特別有感。大概是因為這

樣的原因，加上我表演時真情流露，引起共鳴，所以才拿下第一名吧。

儘管經過數年努力，我終於在日本闖出一條看似順遂的星路，也橫跨唱片、戲劇、綜藝節目等多個表演領域。然而，眼前看似平穩的摘星之梯，越往上爬，越感覺上面有一層看不見的玻璃天花板，它雖然看不清楚，但卻又是真真切切地存在。我站在梯子上，發現自己很難再往上一步，心中千百個不甘願，卻無可奈何，怎麼不教人鬱悶。

即便我擁有混血兒的英挺外貌，能投合時下日本觀眾的喜好並受到歡迎，但我也很清楚在日本這個排外的社會裡，我畢竟還是一個外國人。我雖出生在殖民地時代的台灣，日語是我的母語，讓我的語言能力在日本備受肯定，但無論我再怎麼努力，都無法晉身為第一線演員，始終屈居人下，逢人就得低頭。要解決這問題，除非我歸化為日本國籍，但這是我所不願意的。因此，我能演出的角色，始終不脫中國人或混血兒。

當時，日本的演藝圈有一個奇怪的現象：雖然以「外國人」的國際化形象出道比較容易走紅，但「外國人」這身分本身卻又是一個繼續往前進的障礙。當然，我並不是唯一面對這種困境的外國人。例如以童星身分出名的翁倩玉，就被經紀人取了「ジュディ・オング」（Judy Ongg）這樣一個洋味很重的藝名，來為她取得出道初期的發展優勢。在日本走紅的台灣女星像鄧麗君、歐陽菲菲等人，也都盡可能選個較國際化的名字，例如鄧麗君

在日本的藝名是「テレサ・テン」（Teresa Teng），而歐陽菲菲雖然用的是本名，但她使用日語片假名拼成「オーヤン・フィーフィー」，看起來就像外來語，顯得較洋化。還有像是張菲與費玉清之姐費貞綾，不但取了「Jenny Fei」（ジェニー・フェイ）這個洋派的藝名，又自稱是香港明星。她以模仿瑪麗蓮夢露的造型出道，有「亞洲維納斯」（アジアのヴィーナス）的外號，但嚴格說來，星路也不算太順利。

鄧麗君跟歐陽菲菲算是發展得還不錯的台灣籍藝人，除了才

林沖（前排右）與山本リンダ（美日混血明星，前排左）一同參加富士電視台人氣節目《愛情時間》（ラブラブショー）。兩人五官深邃分明、充滿異國風情的長相，十分符合當時日本娛樂界對混血明星的喜好。 圖片來源：林沖／提供

華跟努力外，還有一個很重要的原因，就是她們兩人的外貌是日本人最喜歡的兩種類型：一位是可愛溫柔，另一位是冶豔野性。這讓她們能在眾多外國女星中脫穎而出。當時去日本發展的港台女星，受到的限制其實很多，畢竟日本最不缺的就是女明星啊。根據我的觀察，在日本演藝圈裡，女生要是長得太漂亮，反而不受歡迎。最好是走可愛或狂野路線，要不然就要像日本人常說的「大和撫子」，亦即溫良嫻淑、個性文靜、擁有傳統美德的日本理想女性，才比較有發展機會。

女明星發展都這麼困難，男藝人就更不用說了。外國男性要在日本的演藝圈取得一定的成就，真的難如登天。也因此，當我以〈故鄉之歌〉在亞洲歌唱大賽奪冠後，我的日本

林沖也曾和歐陽菲菲一起出現在《愛情時間》，成為當時台灣明星在日本發展順利的典範。
圖片來源：林沖／提供

經紀人就開始積極安排我走出日本。剛好那時我到香港參加麗的電視(現在的亞洲電視)的節目《青年聯誼會》,接受主持人黃霑的專訪,這算是我和香港歌迷的第一次接觸。同時,經紀人又安排我到海天夜總會去演唱,演出得到香港觀眾熱烈的迴響。

這當然不是我第一次在香港露臉。我還沒赴日發展之前,就已經來香港拍過廈語片了。在日本走紅後,有次赴港,跟朋友去看拍片,還因此受邀在袁秋楓導演的《危險人物》中客串一角,跳了一場舞。不過我跟香港之間,大概就是真的有這麼一段難解之緣吧。我初去日本時,因擔任香港明星李湄的翻譯,幸運得到東寶音樂劇《香港》中「香港富少」一角而在日本出道,且因演出東寶香港系列的電影而逐漸走紅。幾年後,我以亞洲歌唱大賽冠軍的身分來到香港演出,又受到瘋狂的歡迎。既然「香港」宛如我的幸運符,我在日本演藝界又無法打破那個隱形的玻璃天花板,我也萌生了開放接受其他發展方向的想法。沒想到這個心念一動,我果然隨著機緣被引向一條全新的演藝之路去。

人物小知識

猪俣勝人

日本電影導演與編劇。從小就在檢察官父親嚴格的家庭教育下成長，成為日後創作富士電視台連續劇《檢事》的契機。從日本大學藝術學部畢業後進入松竹，後來有感劇本創作必須獨立自主，遂創立自己的公司「シナリオ文芸協会」，提攜後進，並逐漸從編劇跨足電影導演。後期以創作電視劇劇本為主，亦曾於母校日本大學藝術學部授課。

陳惠珠

台灣旅日藝人，為演藝、舞蹈、體育三棲者。三歲開始學習芭蕾舞，中學時代表學校參加省運會，多次獲得游泳冠軍。一九五六年被中影聘為基本演員後，透過中影駐日代表蔡東華協助，到東寶藝能學校就讀，以第一名成績畢業。之後和東寶簽約，正式成為東寶旗下影星，並擔任東寶藝能學校講師，教授民族舞蹈，又於一九六〇年代表中影參加亞洲影展。一九六五年，陳惠珠和日本空手道大師淺井哲彥結婚，婚後投入空手道與舞蹈教育推廣，亦曾與北京的京劇團合作，在東京演出大型中式音樂劇《白蛇傳》，頗受好評。

李香蘭

日本電影演員與歌手，本名山口淑子，成長於中國。一九三三年被父親的義兄弟瀋陽銀行經理李際春將軍收為義女，取中文名為李香蘭。一九三七年，李香蘭進入滿洲國電影界，成為滿洲頭號女星，拍攝《支那之夜》（1940）等多部電影，二戰時期在中國與台灣的演藝圈都深具人氣。一九四五年二戰結束，李香蘭被中華民國政府逮捕，被控以漢奸罪名，但之後證明其真實身分為日本人，得以無罪釋放，遣返日本。一九四七年李香蘭改回本名山口淑子，在日本繼續其演藝事業，在東寶、松竹乃至於好萊塢都有電影作品，也曾至香港演出邵氏電影。一九五八年轉向從政後，於一九七四年當選參議院議員，其議員生涯長達十八年之久。

蔡東華

台南人，年輕時曾於東寶學習電影製作，與東寶關係良好，曾成立多項台日電影交流機構，負責日片的買入與台片的對外宣傳，且經常協助亞洲影展的舉辦，對台日電影交流有極大貢獻。另外中影與台製也是在蔡東華的建議下開始拍攝彩色片，派人到日本研習彩色電影技術，因而孕育出台灣第一部自製彩色片《蚵女》，讓蔡被喻為「台灣彩色電影之父」。許多台灣明星如張美瑤等人更是透過蔡東華安排到日本發展。

扇千景

日本演員，本姓木村，寶塚歌劇團娘役出身（四一期生）。在團時就有過演出電影的經驗，退團後則與歌舞伎演員二代目中村扇雀結婚，但很快就復出，活躍於電視劇與電影界。一九七〇年代後期開始從政，當選參議院議員，後來進入內閣擔任運輸大臣、建設大臣等要職，於二〇〇一年成為日本第一代國土交通大臣，又於二〇〇四年成為日本第一位女性參議院議長。據說扇千景被問到在寶塚歌劇團團員、歌舞伎演員之妻跟政治家這三種身分中，哪一種最辛苦，她毫不猶豫地回答：「當然是寶塚！」

池田勇人

前日本首相及自民黨總裁。財務官僚出身的他，在首相任內推行「所得倍增計畫」，並成功舉辦一九六四年的東京奧運，成為日本戰後高度經濟成長最重要的推手之一。他曾批評蔣中正的反攻大陸政策是「近乎幻想」，一九六三年更因將欲投奔台灣之中國訪日代表團成員周鴻慶予以遣返，導致台日關係一度惡化，深感不滿的中華民國政府還召回駐日大使以示抗議。史稱「周鴻慶事件」。

水野久美

日本演員，本名五十嵐麻耶，一九五七年在電影界出道，隔年進入東寶。一九六三年從東寶退社後，活躍於電影、電視劇及舞台，以野性的美貌聞名，演出的角色以妖婦居多，也在怪獸系列電影中演過外星人，在海外有不少粉絲。

白光

為活躍一九四〇至五〇年代的歌手與電影演員，本名史永芬。其成名作為一九四三年的電影《桃李爭春》，代表作則有《蕩婦心》（1949）、《一代妖姬》（1950）等，被譽為「一代妖姬」。白光年輕時曾與李香蘭一同拜日本聲樂家三浦環學習聲樂，復以其充滿磁性的女低音風靡歌壇，成為一九四〇年代上海歌壇的知名歌星，且經常於演出的電影中唱歌。一九五三年，白光赴日經商，後逐漸淡出影壇。

水の江瀧子

松竹歌劇團一九三〇年代的代表巨星，於一九二八年進入松竹，為松竹歌劇團第一期生。在歌舞秀（revue）流行時，她是第一個以男式短髮造型出現在舞台上的「男裝麗人」，因而成為一九三〇年代最紅的歌舞秀明星。退團後受邀至日活擔任電影製作，成為日本第一位女性電影製作人，捧紅了石原裕次郎、長門裕之、吉永小百合等電影明星，製作的名片則包括《太陽的季節》（太陽の季節，1956）等。她也擔任過《紅白歌唱大賽》的主持人。

柳家金語樓

日本落語家及喜劇演員，本名山下敬太郎。他以自身的禿頭作為賣點，與具有「日本喜劇王」美稱的榎本健一，以及古川綠波（古川ロッパ）三人並列為日本三大喜劇演員。極盛時期甚至拿自己的臉去登錄商標，可見其人氣之旺。

小川宏

日本電視主播與電視節目主持人。早稻田大學畢業後進入NHK就職，於一九五五年起擔任知名綜藝節目《比手畫腳》（ジェスチャー）的第四代主持人，建立全國性的名聲。後來退出NHK，與富士電視台簽約，於一九六五年起主持自己的新聞情報節目《小川宏Show》（小川宏ショー），訪問過如石原裕次郎、長嶋茂雄、黑柳徹子等知名人物，並創下總共四四五一集的驚人記錄，成為日本史上「以人名命名」的節目中最長壽者。

鰐淵晴子

日本混血演員、歌手、小提琴家與時尚模特兒。父親為小提琴家，母親為奧地利人，據說有哈布斯堡家的血統。三歲開始學習小提琴，八歲開始日本巡迴公演，當時被媒體稱為「天才少女小提琴家」。一九五二年進入影壇，是一九六〇年代前半的松竹明星，有「原節子再來」的美稱。

加山雄三

日本歌手與演員，本名池端直亮。一九六〇年進入東寶，與寶田明同為東寶力捧的小生明星，因主演系列電影《若大將》而走紅。加山也是日本歌唱界的重要人物，擁有如〈與你永遠在一起〉（君といつまでも）等許多代表歌曲。

星由里子

日本演員。一九五八年進入東寶，一九六〇年與公司同齡女演員浜美枝及田村奈巳組成「東寶三寵」，開始走紅。氣質清新開朗的她，以飾演加山雄三主演系列電影《若大將》的女主角「澄子」迅速博得人氣，成為加山演電影時的固定搭檔，也因演出《哥吉拉》等怪獸電影而廣受兒童喜愛。

三船敏郎

日本電影演員、導演與製作人。生於中國山東青島，一九四七年進入東寶，隔年與日本電影巨匠黑澤明搭檔，演出如《羅生門》（1950）、《七武士》（七人の侍，1950）、《蜘蛛巢城》（1957）等名作，奠定其巨星地位。他也多次參與國外電影的演出，擁有國際級的知名度。

長門裕之

日本電影演員，本名加藤晃夫，出身日本演藝世家，外祖父是「日本電影之父」牧野省三，弟弟則是知名演員津川雅彥。長門二戰前便以童星身分廣為人知，戰後進入日活，與石原裕次郎共演電影《太陽的季節》而成為日活的看板明星。

香川京子

日本演員，本名為牧野香子。一九五〇年進入電影界。由於在五大電影公司的黃金時期演出不少知名作品，名氣因此水漲船高，接著更因演出名導演成瀨巳喜男的電影，而成為以演技派著名的演員，也曾多次在黑澤明的電影中飾演三船敏郎的戀人或妻子。一九六八年後發展重心逐漸轉向電視劇與舞台劇。

佐藤允

日本演員，一九五六年進入東寶，一九五九年因演出戰爭片《独立愚連隊》一炮而紅，也因此接演不少同類型的片子。由於佐藤外貌頗有特色，因此經常在電影或戲劇中飾演惡人角色，時人多以「日本的查理·布朗遜（Charles Bronson, 1921-2003，美國知名動作片演員）」稱之。

浜美枝

日本演員。一九五九年進入東寶，與星由里子同為「東寶三寵」成員，以活潑的大小姐形象深植人心，且因與史恩·康納萊（Sean Connery）共演過〇〇七系列電影，亦擁有國際級的名聲。一九七〇年代後轉向電視圈發展，以關心環保議題聞名。

張美瑤

台灣演員，本名張富枝，其藝名「張美瑤」為玉峰影業公司負責人林摶秋所取。一開始在玉峰拍攝台語片，後來被台製廠廠長龍芳發掘，與台製簽約，並外借香港與電懋合作《諜海四壯士》、《西太后與珍妃》等片，開始出名。一九六四年底，張美瑤應日本東寶公司邀請，赴日演出《香港白薔薇》（香港の白い薔薇，1965）、《戰地之歌》（戦場にながれる歌，1965）與《曼谷之夜》（バンコックの夜，1966）等片，共演對象有日本偶像男星寶田明與加山雄三。張美瑤回台後，與柯俊雄數度合作拍片，最終於電影《再見阿郎》（1971）拍攝期間與柯結婚，逐漸淡出演藝圈。二〇〇一年，張美瑤陸續參與電視劇《後山日先照》、《赴宴》等多齣電視連續劇演出，屢獲好評，並於二〇〇八年榮獲金馬獎騎士勳章。

森進一

日本歌手，本名森内一寛。一九六五年在富士電視台的歌唱比賽節目中獲得優勝，踏入歌壇，以略帶沙啞的歌聲演唱描繪女性心情的歌曲而開始走紅。一九六八年因〈花與蝶〉（花と蝶）一曲登上《紅白歌唱大賽》，至二〇一五年止共出場四十八次，創下僅次於北島三郎的記錄。代表歌曲有〈港町藍調〉（港町ブルース）等，至今仍活躍於歌壇與慈善事業。

服部良一

日本詞曲家，隸屬日本哥倫比亞唱片公司旗下，李香蘭的代表作〈蘇州夜曲〉即出自其手。服部曾獲日本「國民榮譽賞」的肯定，對於日本當代流行歌曲風格的塑造有極大影響，並與另一位知名作曲家古賀政男共同設立日本音樂界的權威獎項「日本唱片大賞」（日本レコード大賞）。其子服部克久與其孫服部隆之也都是作曲家。

上原げんと

日本作曲家。一九三八年與知名流行歌手岡晴夫搭檔，寫出〈東京賣花女〉（東京の花売娘）等賣座曲。二戰後進入日本哥倫比亞唱片公司，為美空雲雀等公司專屬歌星提供歌曲。台灣人熟悉的流行歌曲〈可憐的戀花，再會吧〉，其原作即為上原的〈跟少時戀情說再見〉（十代の恋よさようなら）。

古賀政男

日本作曲家，本名古賀正夫，是昭和時期音樂界的代表性人物。據說一生創作的樂曲總數高達五千首，其中不乏許多風靡一時的流行歌，例如日本演歌女王美空雲雀的代表作《柔》。古賀也是日本作曲家協會的創立者兼初代會長，還與服部良一共同設立日本音樂界的權威獎項「日本唱片大賞」。

松山善三

日本電影導演兼編劇，其妻為知名電影女星高峰秀子。在一九五〇年代，常為成瀨巳喜男等電影名導編寫劇本，後於一九六一年以電影《卿須憐我我憐卿》（名もなく貧しく美しく）開啟導演之路。其作品多處理弱勢族群議題，本人亦曾獲紫綬褒章與勲四等旭日小綬章之肯定。

石本美由起

日本作詞家，本名石本美幸。一九四八年為韓國出身的歌手小畑実打造賣座曲〈長崎賣柚女〉（長崎のザボン売り）而出名。一九五一年與上原げんと一同被招攬至日本哥倫比亞唱片公司，與上原、古賀政男等作曲家搭檔創作，一生創作的歌曲高達三千五百首以上，是昭和時期日本作詞界的重要人物。石本光是為美空寫的歌大約就有二百首左右，據說美空每次開演唱會，都一定會選一首石本寫的歌曲。

小林幸子

日本歌手與演員。九歲時得到TBS電視台節目比賽的歌唱冠軍，引起評審古賀政男的注意，並以古賀作品在唱片界出道，旋即獲得銷售二十萬張的驚人成績，被喻為「天才少女歌手」、「美空雲雀二世」，接著又進入電影界，以童星身分活躍。但隨後陷入長達十五年之久的低迷期，直到一九七九年才以〈回憶酒〉（おもいで酒）這首大賣二百萬張的賣座曲重返歌壇寶座，成為《紅白歌唱大賽》的常客。一九九一年至二〇〇九年為止，她與另一名知名演歌歌星美川憲一在《紅白》中的豪華表演服裝對決，成為觀眾津津樂道的話題之一。

北島三郎

日本歌手、演員與詞曲家。本名大野穰。一九六二年以歌手身分在哥倫比亞唱片公司出道，但沒多久便跳槽至日本皇冠唱片公司。一九六五年以〈兄弟仁義〉、〈歸去來兮〉（帰ろかな）、〈函館之女〉（函館の女）三張賣座單曲確立演歌巨星的地位，其中〈兄弟仁義〉還被東映改編成系列電影，票房其佳，北島也參與演出。一九八〇年代後，以「原讓二」為筆名創作詞曲，一九八五年成為世界上第一位在飛機內開演唱會的明星。二〇一三年，北島創下在《紅白歌唱大賽》出場五十次的驚人記錄，同年在明治座劇場舉行最後的公演舞台。

叶弦大

日本作曲家。原本是日本哥倫比亞旗下歌手，藝名為清原まこと，後來改當作曲家。他曾於二〇一三～二〇一七年擔任日本作曲家協會第七屆會長，也是該協會主辦的「日本唱片大賞」的最高負責人，被業界喻為「唱片大賞的Boss」。代表作有日本知名歌手小林旭的〈且用昔日花名〉（昔の名前で出ています）。

黃霑

香港詞曲家，本名黃湛森，身兼廣告人、作家、藝人等多種身分，被視為香港演藝圈跨領域的代表人物。與金庸、倪匡、蔡瀾被香港媒體冠以「香港四大才子」的雅號。

你知道嗎？

- 哈布斯堡家族（Habsburg）發源於十一世紀的阿爾薩斯（Alsace）地區，是歐洲歷史最悠久、地位最顯赫的王室。十六世紀中期分為奧地利與西班牙兩個分支，後者在十八世紀初斷絕，前者則藉由與洛林家族（Haus Lothringen）聯姻而持續對神聖羅馬帝國的統治。一八〇四年神聖羅馬帝國被拿破崙解散後，哈布斯堡家族創立奧地利帝國，復於一八六七年與匈牙利合併，組成奧匈帝國，於一次世界大戰後解體。
- 二枚目原指歌舞伎裡戀愛場面的美男子。由於在江戶時代的劇場理，這類角色的名稱都是寫在從右邊數來第二塊看板上，後來便引申為電影或戲劇中的英俊小生角色。
- 一九五四年台灣作曲家楊三郎帶領自創的「黑貓歌舞團」到高雄公演，當時嘉義的革新話劇團拿著寫好的歌詞，請他為話劇《戰火燒馬來》寫一首主題曲。這首歌隨著該劇在全台巡演而走紅，但作詞者卻因歌詞被有關單位認為「思想有問題」而處以死刑。楊三郎聽到消息後擔心受到連累，連忙請知名作詞家周添旺幫忙重新填詞，並將歌名改為〈思念故鄉〉。

• 「麗的電視」：為「亞洲電視有限公司」之前身，是香港第一家電視台，於一九五七年啟播。原本為收費電視頻道，後於一九七三年轉為免費彩色電視頻道。一九八二年改名為亞洲電視，二〇一六年結束免費電視頻道服務。

• 落語是日本江戶時代發展出來的大眾娛樂形式，類似單口相聲。演出時，身穿和服、手持摺扇或手巾的表演者依靠語調與動作，來演繹滑稽的長篇故事。表演結束時，會出現好比相聲中「抖包袱」的部分，亦即點明笑話的關鍵所在，在日語叫做「落ち」，是以這類的表演便稱之為「落語」。由於落語為單人演出，且沒有複雜的舞台設計與道具輔助，需要高度表演技巧來引發觀眾想像力，因此目前落語皆由專門的表演者演出，稱為「落語家」。

• 日本皇冠唱片（日本クラウン株式会社）：日本知名唱片公司，由日本哥倫比亞唱片公司的常務董事兼唱片部部長伊藤正憲，在三菱電機等知名企業與北島三郎等名人支持下，於一九六三年九月六日所創立，也是日本第一間沒有自己的工廠，而是以經營歌手事業為主的唱片公司。後因製作北島三郎的賣座單曲〈兄弟仁義〉奠下成功的基礎。

第四章

鑽石鑽石亮晶晶

從《大盜歌王》到「鑽石歌王」

因為亞洲歌唱大賽奪冠，我成了華人圈高度關注的對象，因此，香港的電視節目想要邀我做一個專訪。既然都已經飛一趟去香港了，我的經紀人自然也努力地安排活動讓我能多曝光。於是有了我在海天夜總會的表演。沒想到，一個毫不起眼的安排，又為我的人生交響曲開展了燦爛的新樂章。

說起來，在香港海天夜總會的演出，算是我在香港事業的真正開端，也算是我和香港歌迷的第一次接觸。那時，我在日本已經是頗有名氣的全方位藝人了，頂著亞洲歌唱大賽冠軍的光環，加上我自己本來就有很高的自我期許，即使是夜總會的演出，我也是全力以赴。我一上台就拿著

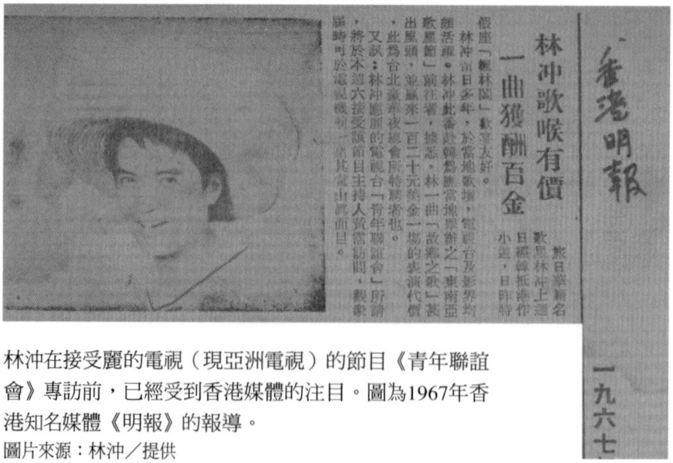
香港明報
林沖歌喉有價
一曲獲酬百金
一九六七

林沖在接受麗的電視（現亞洲電視）的節目《青年聯誼會》專訪前，已經受到香港媒體的注目。圖為1967年香港知名媒體《明報》的報導。
圖片來源：林沖／提供

麥克風又唱又跳滿場飛舞，忘情奔放，熱力四射。新潮鮮豔的華麗秀服也是一套接一套地換，亮片和羽毛在燈光下閃耀著金光，看得觀眾目瞪口呆、熱血沸騰。我的演出在香港頓時造成一陣轟動，原本為期一週的演唱會不僅場場爆滿，還不斷好評加場，最後足足唱了一個月，期間還有許多貴婦富太每天都跑來搶訂最前排的位子，只為了一睹我的風采。

後來我才知道，當時的香港男歌星不論是出身本地或外地，表演習慣一律都是西裝筆挺地站在原地開唱，保守的風格跟日本演出的方式很不同。在日本，很多男歌手在表演時，不只表情豐富，還會透過旋律，自然舞動身體來表達澎湃的心情，也會花很多心思在

林沖的服裝總是洋溢著讓人目眩神迷的華麗感。
圖片來源：林沖／提供

造型上。因此，我的東洋風格不免就與本地歌手產生強烈的對比。由於我的表演帶給觀眾一個全新的感官世界，這自然使我成為引領新聞風潮、製造話題的焦點人物。那時香港的媒體甚至以「東方貓王」來宣傳我，真是讓我備感榮幸。我看過貓王的電影，雖然沒有特意去模仿，但我很喜歡他開低領、閃亮亮的服裝風格，因此的確也有好幾套秀服都做成這種款式。

林沖在香港受到前所未有的熱烈歡迎，促使他開始思考在當地發展的可能性。

圖片來源：林沖／提供

觀眾痴狂捧場的興奮反應以及媒體每天都有新聞版面的盛況，讓我思考起香港的發展潛力，也更想拋開處處受限的日本環境，將表演舞台轉到香港，為自己開創更寬廣的演藝空間。香港娛樂事業本就發達，加上只是個城市，因此我在夜總會迅速走紅的消息，很快就傳到邵氏電影公司的導演張徹與製片鄒文懷兩位先生的耳裡。

電影事業起家於新加坡的邵氏兄弟到一九六〇年代時，已不只是雄視東南亞的電影王國，在九龍清水灣邵氏片場正式啟用後，更有獨占華語市場的雄心。在製片經理鄒文懷的統籌下，不但積極擴充現代設備培養新血，也從亞洲各國網羅各種人才，像是日籍導演井上梅次就與邵氏簽下了無時限的「百部片約」。因此，這些見過世面的邵氏大製片、大導演們，對於傳聞中演出「立無隙地、座無虛席」、「觀眾蜂擁而至」、「如痴如醉」的林沖，自然抱著半信半疑的態度。為了確定並非媒體的誇大吹捧，他們特地前來夜總會觀賞我的演出。在親眼見到觀眾的瘋狂後，鄒文懷先生隔天立刻代表邵氏電影公司來找我，並簽下兩年合約，一年拍兩部片。之後，台北的豪華酒店也邀我回台作秀。於是我利用返台期間，在「四海唱片」灌錄了一張名為《故鄉之歌》的專輯。去日多年，我總算是風風光光地回到台灣見父親了。

張徹導演是我演藝人生的另一位貴人，畢竟，再怎麼全能的藝人，如果遇不到好的製作團隊，也沒辦法發揮。一流的導演和編劇能放大演員的優點，透過角色的打造使演員更閃亮。好演員跟好導演是相輔相成、缺一不可的。跟邵氏簽約後的第一部片，就是由張徹執導的《大盜歌王》，由我與當時邵氏紅透半邊天的當家花旦何莉莉分飾男女主角。這部片的原型是於一九五五年好萊塢大導演希區考克的《捉賊記》（*To Catch a Thief*），是一個關於怪盜與美女的浪漫故事。我因為能歌能舞能演，張徹導演便以我的專長特質，為我量身打造「歌舞動作片」，結合了歌舞、動作再加上愛情元素，是當時香港電影界前所未見的新類型。

在《大盜歌王》中，我飾演一位夜總會歌手，這角色讓我把我的舞技歌藝發揮到淋漓盡致。由我來演出歌舞片的話，自然無須再另找歌手幕後配唱，因為劇中歌曲我都能親自

電影《大盜歌王》劇照。
圖片來源：林沖／提供

林沖（左）與電影《大盜歌王》片中歌曲〈鑽石〉的作曲者王福齡在邵氏灌錄該曲時的情景。王福齡是香港知名作曲家，為邵氏的多部電影處理過歌曲及配樂。他的經典旋律如〈不了情〉、〈藍與黑〉、〈今宵多珍重〉等至今仍深受喜愛。
圖片來源：林沖／提供

詮釋。所以《大盜歌王》片中的插曲都由我親自演唱，這是我相較於其他港台明星的優勢之處，也是這部片的賣點。由於我在日本就是以音樂劇出道，因此這種類型片對我來說還算好駕馭，歌舞都是我的專長，一點也不是問題。真正讓導演頭痛的，其實是我的中文。因為我家裡溝通都以日語為主，小時候又住在日本，因此無論中文還是台語，我的發音從來都不怎麼標準。中學回台灣後，我才開始學中文，因為不會用注音符號，只好用日語的假名來註記發音。好不容易中文慢慢講習慣了，卻又因為赴日留學而被丟在一邊。在日本發展時，為了趕緊出頭，當然拼命加強日語；結果來到香港才知道麻煩大了，因為我的中文不懂不太好，講起話來還帶著濃濃的日本腔。

不過，張徹導演認為這問題不大，他特地請來白光跟高寶樹這兩位明星擔任我的中文老師，我在錄製片中歌曲時，她們就在旁邊糾正我的咬字、發音和腔調。我跟白光在日本時就已經建立很好的交情，因此她很高興我到香港發展，剛好導演請託，她也樂得來幫忙。〈鑽石〉這首代表歌曲，就是白光一字一句教我唱的。雖然我的語言學習能力不錯，也在香港待過好長一陣子，但我始終沒把粵語學好，只能勉強聽懂一些簡單的基本會話，所以我演的邵氏國語電影都是用配音。

《大盜歌王》大概花了四個多月的時間拍攝，緊接著公司又安排我和台灣來港發展的明星丁珮合作，主演第二部歌舞片《青春萬歲》。在這部片中我仍然延續《大盜歌王》角色的類型，飾演

林沖於拍攝《青春萬歲》時。
圖片來源：林沖／提供

樂團歌手。這樣的設定當然是主打我的歌舞才華。不過，邵氏不愧是傲視東南亞的香港電影王國，劇組都是一時之選。導演是歌舞片名導日籍的井上梅次，片中的十多首新歌，則是出自當時剛從美國回來的作曲家顧嘉煇之手。顧嘉煇在邵逸夫先生的資助下，留學波士頓的伯克利音樂學院（Berklee College of Music），是該校第一個中國人學生，後來更成為粵語流行歌曲界的教父級人物。此外，雖然這部片是很通俗的青春愛情劇，但公司在取景方面投入極大成本，讓我們前往日本實地拍攝。在那個旅遊不是很方便的時代，主角在美景中載歌載舞的唯美畫面，給了觀眾非常難得的視覺體驗。

儘管我來香港夜總會「海天」登台時，就已經因為獨特的表演方式在秀場闖出一片天，但相對於電影與電視來說，舞台觀眾畢竟仍只是少數。直到我加入邵氏，才真的成為頭牌男星，享有超高規格待遇，拍片時，公司還派專車送我到片場。邵氏的力捧讓我既高興又感動，決定留在香港把握這難得的機會，畢竟我從小到大的明星夢，終於在香港開花結果！邵氏的《大盜歌王》上映後，我總算真正在香港大放光彩，紅透半邊天。因為電影的緣故，〈鑽石〉這首片中插曲也隨著紅遍大街小巷，幾乎到了人人都會哼唱的地步。知名作曲家王福齡朗朗上口的輕快曲調，搭配張徹導演簡單易記的歌詞：「鑽石鑽石亮晶晶，好像天上摘下的星……」讓該曲迅速走紅，也成為我的代表作。從此，我有了「鑽石

刊登在香港知名娛樂雜誌《銀色畫報》上的林沖邵氏沙龍照。
圖片來源：林沖／提供

歌王」的名號。有一天我坐車經過戲院，正好看到自己的一張大海報，海報上那位閃亮亮的一線明星，連我自己都快不認得。我看起來是那麼光彩亮眼、pose到位，手足之間自然流露出巨星的自信，我忍不住想起初出道時，日本報紙的評論：「如果好好訓練，將來這顆寶石一定會變得又大又閃亮。」

坐在車上的我，遠遠看著海報上如此熟悉又有點陌生的我，眼眶不禁溼了。只有我自己知道，這條路我是如何艱辛走過來的。多年來，我在別人看不到的地方獨自咬牙奮鬥。為了突破，多少日子我忍耐基本功的單調與無聊，為了呈現完美的流暢，一而再、再而三地反覆苦練相同的動作……練習之路永無止境，不進則退，這是我一直告訴自己的話。只有不斷接受琢磨，才能超越自我，創下一道又一道的里程碑。昔日那顆東寶撿到的寶石，經過這番淬鍊，終於成為又大又閃亮的鑽石。

離開邵氏，前進東南亞

雖然我因為加入邵氏而成為第一線明星，嘗到爆紅的滋味，但是人走紅太快，也不免招來忌妒。在香港時，有些人對我極不友善，看我眼紅的同期男星甚至有意無意地排擠我。我不大擅長應付這種勾心鬥角的心機，覺得有點困擾。當時有傳言說，我與邵氏公司之間因為《大盜歌王》票房不好，公司想換人唱導致發生不愉快，這是沒有的事情。《大盜歌王》電影的票房非常好，而且我在邵氏主演的第二部影片《青春萬歲》裡，依舊還是我

《青春萬歲》原聲帶封面，由香港娛樂唱片發行。上面可以看到「林沖主唱」字樣。
圖片來源：林沖／提供

主唱片中的十多首歌曲。但是，邵氏公司裡一些人的排擠，的確讓我不久便有不如歸去的念頭。我也沒料到，一九七〇年某天，鄒文懷先生把我找到他家去，告訴我他準備離開邵氏了。由於我是他簽約進來的藝人，他有責任跟我講明他的狀況，並詢問我是否打算繼續留在邵氏？如果不想留下，他可以立即與我解約，無條件讓我離開。他離開邵氏後自立門戶，成立嘉禾影視，當然這都是我後來才知道的。

我沒想到他找我來談的竟是這種大消息，我毫無心理準備，當下很驚訝。不過仔細一想，也許離開邵氏對我來說反而是好事。我是透過鄒文懷先生與張徹導演的邀請才進邵氏，若他們都離開而我卻留下，未來豈不就得過著沒有靠山的日子？在香港，我是個沒有人脈的外人，加上走紅速度太快，同儕間的明爭暗鬥，我已經覺得難以應付，心情其實滿鬱悶的。若繼續隻身處在派系眾多的環境裡，只怕未來也是前途黯淡。此外，我若留在邵氏，就只能一直拍電影，很難再接其他演出。因為我剛到香港時並不是太熟悉這裡業界的生態，在夜總會一夕成名後，便與率先找上門來的「娛樂唱片」簽下唱片約。但進入邵氏後才發現，他們的電影歌曲都是委由香港EMI出版，這下可麻煩了。我跟邵氏只有簽電影約，因此在邵氏時就不能再出來唱歌接秀；可是我在片中唱紅的歌曲如〈鑽石〉等，由於我已經跟「娛樂唱片」簽約，這錄音也不能由香港EMI發行。因此後來《大盜歌王》

的電影原聲帶是請羅文來唱，這就是為什麼很多人會搞錯，以為原唱者是他。至於版權問題更是變得相當複雜：電影裡的歌是我唱的，但市面上賣的原聲帶是羅文版，之後娛樂唱片又發行了我另行錄製的版本，兩個版本同時在市場上，情況一片混亂，對日後的再版或再使用都造成許多不便。

當年林沖（左三）在香港大紅大紫之際，李小龍（左二）才剛到香港，準備拍攝他在嘉禾的第一部電影《唐山大兄》，於是在該片記者會留下這張非常難得的合照。一同入鏡的還有苗嘉麗、鮑立等明星。

圖片來源：林沖／提供

雖然我是以舞蹈踏進演藝界的，但是，在歌、舞、劇三者之中，我其實最喜歡唱歌。所以我就跟鄒先生說，我想解約，轉去唱歌。就這樣，我離開邵氏，成了自由藝人。當時的想法很單純，只是因為鄒文懷先生的出走以及我想自由從事我最喜愛的歌唱事業。沒想到，我連離開的時間點都受到幸運女神眷顧。一九七一年，鄒先生邀請李小龍來主演以功夫為主題的動作電影《唐山大兄》，由於這是李小龍在香港的第一部電影，嘉禾電影公司特別安排了一個記者會，邀請我去參加。拍照時，他仍有些生澀，似乎不大習慣面對鎂光燈，還不太像電影明星。沒想到片子大受好評，之後陸續主演了多部電影，震撼影壇，李小龍風格的功夫片隨之興起，大受歡迎；另一方面，歌舞片的發展則差不多已達高峰，就趨勢來看，我當時離開得正是時候，因為文藝片與歌舞片的風潮，正隨著各種新類型電影的出現而慢慢走下坡。只是，我當時的主要考量並不是市場，而僅僅只是因為我愛表演，總是跟隨自己的心意走。以我當時的合約來看，若不恢復自由身，就沒法再與觀眾直接互動，重溫在「海天夜總會」時那種開心與滿足。我雖然已經是大銀幕的紅牌明星了，但是我還真想念舞台啊！

離開邵氏後，我搬回了台灣。因為我在當紅時離開，因此一恢復自由，秀約馬上如雪片般飛來，連續好幾年都滿檔。除了歐洲與美國，還有新加坡、馬來西亞、泰國、菲律賓、印尼等東南亞各地的夜總會都邀我巡迴演唱。我開始像「空中飛人」般到世界各

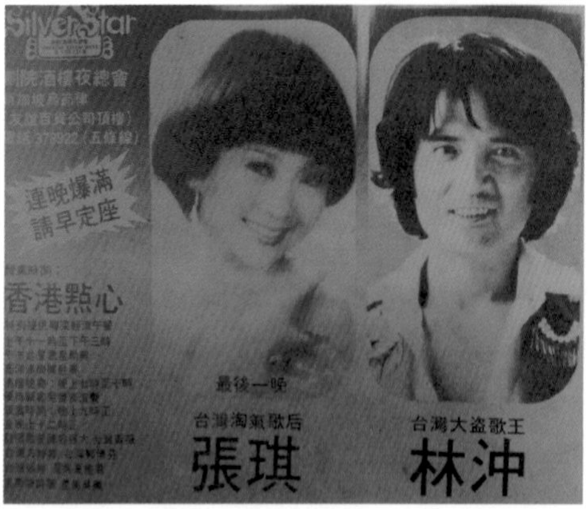

林沖離開邵氏後，便以秀場表演為主，以便從事他最熱愛的歌舞表演，其巡演足跡遍布東南亞與歐美。圖為林沖與知名歌手張琪在新加坡作秀時的宣傳照。
圖片來源：劉國煒／提供

處去巡迴。這段期間，我也上了幾次《群星會》，台視還找我去錄影。

七〇年代中期之後，東南亞的經濟開始起飛，生活水準逐漸提高，娛樂產業也開始蓬勃發展。東南亞文化、宗教、語言、族群既多元又複雜，因此，像我這種混血兒，五官一看就是國際臉的藝人特別受到歡迎。我是在各種不同的文化環境中奮鬥出來的，長年在外鄉生活，這也讓我有一種超越種族與文化的氣質，好像「人人都可以在我身上看到他親切熟悉的部分」。加上我的表演方式是現代的，代表的就是一種「摩登」的城市風格，不像傳統演藝常會遇到文化隔閡的問題，因此我不管到什麼城市都沒有違和感。更何況我還曾是香港邵氏的紅星，因此，我幾乎沒有空檔時間，秀接不完，場場表演都是爆滿。

有一次，我在曼谷作秀，盛況空前。事後，就有一位名叫松寶（Sombat Metanee）的泰國電影導演來拜訪我，請我到他家品嚐泰國菜，並力邀我跟泰國影后密差拉（Petchara Chaowarat）一起主演電影。我因此在一九七〇年代初期拍了兩部泰國片《愛娣》和《雨絲》。因為我不會說泰語，拍片時導演特別請翻譯跟在旁邊，為我解釋泰語劇本的內容，這讓我回憶起我當年在片場當李湄小跟班的情景。

這兩部片當然都是找人配音的。我在《愛娣》裡演一個泰國華僑，穿的是泰國漁夫的衣服。導演還希望我能在片中唱一首我自己的作品，我就唱了〈幸福在這裡〉這首歌。這些雖然都是商業片，其實正好反映了東南亞社會的群體很多元的歷史背景。當地華僑很多，而且不少華僑都事業有成，雖然他們在生活上已經融入當地，但基於種族不同，還是會保有一些原來的習慣以及文化。商業導演當然都是對市場敏銳度很高的人，找我這種當紅的華人明星來演一個華僑角色，再搭配美麗的影后密差拉，就是票房保證啊！影片除了原有的泰國觀眾，還會吸引很多華僑進戲院。其實，這種大眾商業片比起藝術電影，反而更能呈現人民的生活日常。你想，觀眾如果無感，片子怎麼可能賣座，所以一定要能引起大家的共鳴。共鳴是什麼呢？就是能打動你的心的東西，不管是好的壞的，就是要能打中心裡的某一塊。

林沖在泰國拍攝之宣傳照。
圖片來源：林沖／提供

林沖親自出席「永遠的鑽石大盜——林沖影展」，並為熱情的粉絲簽名。
圖片來源：劉國煒／提供

邵氏公司雖然跟我解了約，但是看到我在東南亞的人氣，馬上把握機會，運用他們長年經營東南亞市場的優勢，搭配我的演出地點，同步放映我在邵氏所拍的三部歌舞片。雖然我已離開邵氏，但是為了電影票房，邵氏自然也做足了宣傳。而且我離開邵氏之時，鄒文懷先生特別要我先不要太過聲張，因此我也順勢保持邵氏明星的姿態，並沒有馬上透露我已經離開邵氏的事實。就這樣魚幫水，水幫魚，在夜總會的演出與電影的雙重加持下，我在東南亞的人氣一路衝到最高峰，奠定我在當地堅實的觀眾基礎。一直到現在，我在香港跟東南亞都還能有不錯的人氣，其實邵氏公司也扮演重要的推手。我雖然離開了香港，但是香港人並沒有忘記我。香港電影資料館還在二〇一八年為我舉行過一次「永遠的鑽石大盜——林沖影展」，播了《香港之星》、《香港・東京・夏威夷》、《危險人物》、《大盜歌王》、《青春萬歲》、《椰林春戀》六部電影，讓我很感動。

寶塚現役明星的晚餐秀

《華視週刊》曾經有劇評說：「林沖是屬於舞台的」，的確如此。雖然我很早就開始拍電影，但是我對現場表演的熱情從未消滅；雖然上過大小螢幕，不過我最愛的還是舞台。舞台的魅力是獨特的，現場演出是對表演者個人的超級考驗，每一場的氣氛都會因為觀眾的反應不同而有差異。由於觀眾可以直接感受到表演者的情緒，因此表演必須很投入。當然，現場觀眾的回應也很有感染力，台上的人能充分感受到他們是不是享受這場表演。因此，劇場或秀場這種現場表演，彷彿是表演者與觀眾一起創造了一個美好的回憶。

一九六〇年代，日本演藝界的表演水準是東亞最高的，可以說比香港還高出一大截。因此我在日本時，只要「寶塚」、「松竹」或「日劇舞蹈隊」有新的劇碼演出，為了增長見識也充實自己，我一定都會去看。我的研究與學習的方面很廣，不只限於西式的演藝，還會去東京的歌舞伎座，欣賞歌舞伎這種日本的「國粹」。雖然歌舞伎台詞都是古老的日語，我幾乎都聽不懂，但可以欣賞演出。歌舞伎演員的動作與亮相的方式仍有獨特之處，所謂台上一分鐘，台下十年功，是我日後在揣摩演出方式時寶貴的參考。

不過，我自己還是比較喜歡像寶塚、松竹以及日劇舞蹈隊這類更摩登，更動感閃亮的歌舞表演。這些表演不管是什麼類型，總少不了華麗盛大的群舞跟絕美的布景，在鮮麗多彩的服裝與飾品的裝點下，演員精心編排的舞蹈熱力奔放。尤其是寶塚的大腿舞，動作整齊劃一，音樂節奏明快，在閃亮的舞台上讓人目不暇給。整體說來，「寶塚」給人的感覺是高級，「松竹」的表演比較親民，而「日劇」的風格則是走成熟的大人路線，也是我最鍾愛的一種歌舞表演。

成為自由藝人後，有次我回東京度假，朋友邀請我一起到某個俱樂部去參加一位寶塚男役（指飾演男性角色的演員）的晚餐秀（dinner show）。他強調這是大牌男役包場舉辦的晚餐秀，非常值得一看。我原本以為自己跟寶塚的接觸僅限於東寶的舞台，畢竟，寶塚是全女子劇團，合作機會真的很有限。沒想到離開日本後，反而因緣巧合，能以另一種身分參加寶塚現役明星的晚餐秀。

晚餐秀這種結合歌舞與精緻餐宴的整體表演藝術，在台灣並不常見，但在日本的演藝界則是司空見慣。這類表演提供了一種兼顧五感、讓身心都能沉浸在極致美好中的滿足體驗。參加者以赴盛宴的心情，精心打扮，穿著隆重正式的服裝，在高級飯店一邊享用美食，一邊欣賞特別設計的歌唱表演。這種能增添氣氛的表演活動很受歡迎，可以提供大眾另一種節慶娛樂的選擇。許多歌星都會定期舉辦晚餐秀，耶誕節前夕尤其熱門。至於他們粉絲的投入就更不用說了，還有什麼事比跟偶像共度佳節更叫人興奮的呢？因此，晚餐秀雖然多半價格不菲，卻經常一票難求。寶塚現役明星的晚餐秀就更搶手了，往往連自己粉絲俱樂部的會員都不夠分配座位。

幸好我的朋友身兼俱樂部會員與該位男役明星粉絲的雙重身分，有購票的優先權。我們到了現場，朋友便向對方介紹我是來自台灣的音樂劇明星。對方一聽我也能唱，便邀我到台上高歌一曲，於是我就唱了〈恋心〉這首歌。這是與越路吹雪齊名的香頌歌星岸洋子於一九六五年推出的代表作，翻唱自法國歌手Enrico Macias的名曲〈L'amour C'est Pour Rien〉。由於該曲有中文的翻唱版，叫做〈你到底在哪裡〉，是由知名作詞家陳蝶衣填詞，所以我唱了一段中文歌後，再唱一段日語歌詞。唱完之後，那位寶塚明星還特別對觀眾說：「畢竟是來自台灣，唱起中文來特別有韻味，更勝於日語歌詞給人的感覺。」

其實，我的日語比中文好，日本大部分的人應該也不會中文，但是她這麼得體的說話方式，不得不說寶塚出身的女孩子真的很擅長辭令！怪不得還有退役的寶塚明星可以轉換跑道當政治人物。當然，我可是跟寶塚大明星越路吹雪合演過音樂劇的人，知道寶塚明星的獨特魅力，因此我很自然地觀察著她的表演，整個過程中一直注意到她對粉絲們的照顧。有沒有用心，觀眾的感受是很直接的，這就是現場與銀幕表演的差別，也是明星之所以能一直維持明星光環的重要原因。

這次的晚餐秀真的是一次很特別的經驗。坐在那兒的我突然萬分感慨，想起當年剛到日本時，一邊欣賞寶塚歌舞秀演出，一邊期待自己能早日上台的心情。十幾年的時光跟記憶，就這樣同時在腦中濃縮上映。雖然我已離那段渴望成名發光的日子很遠了，但是就像那些寶塚明星當上首席時的心情一樣，這一路走來的艱辛與磨練，是永遠不會忘記的！看著台上魅力十足、光彩自信的明星，我回憶起自己是如何一步一步走到這裡的十年血淚奮鬥史，內心澎湃不已。大概只有曾經付出過極致努力的人，才能理解我當時突然湧起的激動吧！

粉絲的熱情比陽光還熾熱

我喜歡表演，而觀眾的掌聲與歡呼更是支持我的最大動力，特別是我的粉絲，總是表現得格外熱情。這份熱情時常讓我心頭暖暖，但有時也讓我大吃一驚。

有一次在印尼泗水作秀時，當地有位金店老闆娘每天都會來捧場，還特別訂了一個大台子擺在舞台前方，當成VIP特別座。我喜歡吃水果，她就每天送水果到後台來，對我關心備至，非常熱情。不過她的「關心」方式經常讓我哭笑不得。其中最誇張的一次是發生在後台休息室。由於當地夜總會的冷氣並不強，每次表演完我總是大汗淋漓，回到後台的第一件事就是趕緊換衣服，喘口氣放鬆一下。不料那天，我更衣到一半，金店老闆娘突然毫無預警地衝進休息室！當時房內只有我一人，身上又只剩下一件底褲，實在很尷尬。可是她不但完全不在意，還順手把自己裙子拉起來，讓我看她自己用粗布做的底褲，問我好不好看。我搞不清她的意圖，又不好得罪，只得客氣地說：「好看啊，是你自己做的嗎？真不簡單。」儘管我裝得很鎮定，但心中暗自希望她趕快離開。

不料，她聽到後居然說：「喜歡嗎？那我幫你做！」這個天外飛來的回答，讓我完全不知道她到底想幹嘛，整個人冷汗直流，連忙極力婉拒，說我的底褲已經很多了，而且她也不知道我褲子的尺寸。原本以為這樣的推辭就會讓她打退堂鼓，沒想到她馬上提議用手量。我當下啞口無言，不知怎麼接話。就在我呆住的那一刻，她馬上就湊過來，在我的腰部附近比畫來又比畫去。我驚魂未定，正想找個什麼話來阻止她，她卻冷不防地往下抓了一下，我嚇得魂都要飛了，心裡一直吶喊「趕快有誰進來啊！」幸好她沒有什麼越矩的意圖，用手測量好了尺寸，隔天還真的就送了三件褲子過來！

現在回想起來只覺得好笑，但是當時我可是結結實實地嚇了一大跳。還有一次，她千方百計力邀我去她的別墅，我因為實在拒絕不了，只好硬著頭皮去。那天，她特別開車來載我，我趕快找我弟弟陪我同行，幸好也是虛驚一場，並沒有發生什麼事。當時，我看到她手指上戴了一個十克拉的鑽戒，雖然色澤不是挺透亮，可是體積卻很大，感覺很值錢。我故意鬧她說：「你這戒指很漂亮，可以借我戴一下嗎？」沒想到她竟然很大方地說：「你喜歡就留著吧。」幸好我戴了一下子她又拿回去了。如果她真的一定要送我，那才可怕呢。

除了這種另類的「熱情」讓我有點吃不消外，多數粉絲都表現得很溫暖，讓我非常感動。就像有一位住在丹麥的香港粉絲，從我開始在香港夜總會唱歌時，就一直關注我的消息。將近半世紀以來，他蒐集我的照片、雜誌畫報與唱片不計其數，還千里迢迢跑到東京的昭和明星照片專賣店「マルベル堂」，一口氣買下四十張我在日本時期所拍的宣傳照，又設法去找我之前在日本和台灣拍過的電影，實在是很有心。

前幾年，他透過臉書找到我，我們便經常保持聯絡。我每次結束演唱活動，也一定會把最新的照片與他分享。後來他從丹麥專程來到台北，我終於得以和這位忠實粉絲見面，一同晚餐，還在他的收藏品上簽名留念。看見他雀躍不已的樣子，我也覺得很高興。他拿

位於東京淺草的昭和明星照片專賣店「マルベル堂」，至今仍販售著林沖在日時期的各種劇照。
（上）圖片來源：吳思薇／拍攝
（下）圖片來源：王善卿／拍攝

到簽名後一直謝我。但是，該感謝的其實是我呀！正是因為粉絲們如此熱情給予支持，我才能一直站在舞台上。

一次做好一件事

比較起來，我在自己的家鄉台灣反而知名度最低，因為我在台灣演藝圈的演出都如蜻蜓點水。我在日本走紅後，雖也常有台灣酒店或夜總會邀我作秀或演出，但是一直要到我的邵氏電影在台灣造成轟動後，我的名氣在台灣才瞬間爆發。後來，華視跟我簽約主持綜藝節目《青春曲》，我還演了兩齣台語電視連續劇，是江浪編導的《愛的故事》跟《青春三兄弟》。由於家裡主要是講日語，因此我的台語從小就講不好。當年演台語片時都用配音，去日本和香港後，台語更是幾乎忘得乾乾淨淨。一直到了在華視演出時，我才開始認真學台語。因此在《青春三兄弟》中，主要的對白都分配給跟我演對手戲的演員了。

一九七四年，我趁著作秀空檔還是客串了兩部電影，一是港片《太平山下》，另一部是知名導演白景瑞的《女朋友》。其實這兩部片都沒有什麼挑戰性。《太平山下》是熱鬧的賀歲片，找來很多大牌演員，每人演一小段，我演的角色仍是歌手。而《女朋友》的導演白景瑞跟我是舊識，他讀省立師範學院時，是我大嫂的同班同學，後來他去《自立晚報》當影劇記者，還常來我家吃飯。拜他之賜，很多記者對我不錯，甚至還在我去日本發展前，在台北的「記者之家」幫我舉辦一場名為「林沖之夜」的晚會，讓我進行一連串的舞蹈表演，在媒體上大力宣傳，真的非常禮遇。六〇年代他去義大利留學前，也曾住過我東京的家，學成歸國前又到東京來看過我，所以我們關係很好。白景瑞開拍《女朋友》時，我剛好從香港回台，他知道我離開邵氏，就找我客串這一部由林青霞、蕭芳芳、秦祥林主演的片子。我飾演一個夜總會老闆，在秦祥林飾演的男主角來找工作時面試他。

這兩部插花演出的電影作品，我都只是露個臉，連配角都不是。之所以會願意接演這樣微不足道的小角色，除人情外，主要也是因為一九七三年在台灣發行的唱片專輯失利，讓我有所覺悟。那年，台灣的「海山唱片」邀我灌錄《風狂雨又大》專輯，但發片後我因為抽不出時間，根本沒法回台宣傳，只有去上香港的電視節目時，唱了幾次主打歌，所以唱片的反應不是太好。這算是我出道以來極少數的一次市場挫敗紀錄，讓我因此深刻體認到「人一次只能做好一件事」這個平凡的道理。由於檔期太滿，加上表演重心都放在歌舞秀的舞台現場上，已經不可能再擠出時間排額外的活動，所以一定要有取捨，否則顧此失彼，對自己的形象跟聲譽都有損。我畢竟是自由藝人，不再像以前一樣，在組織規模完善的大公司裡，有專業團隊打點所有工作細節。現在我需要親力親為的事務變多了，人的時間一天就只有二十四小時，既然魚與熊掌難以兼顧，我因此調整工作比重，專心作秀。

我從香港回到台灣時，剛好國內經濟正在起飛，人們開始有多餘的錢能花費在休閒上。常跑劇院看電影、或到歌廳秀場看表演，都是當時逐漸興起的娛樂風氣。雖然那時電視已經開始流行，可是人們還是會對螢光幕裡的人感到好奇。南部因為很難得能看到明星本人，因此看秀風氣反而比北部更盛。那時南部秀場幾乎是場場爆滿。尤其是高雄知名的「藍寶石大歌廳」，不只轟動全台及東南亞，當時還有句話說「沒上過藍寶石，歌手別想紅。」所以當年老三台的歌手，都會想盡辦法請經紀人安排，去上一檔藍寶石的秀。

藍寶石的舞台跟一般夜總會相比算是大型的，我還在那邊演過戲呢！當時秀場的特色是先讓歌手演唱開場，再以小秀、中秀、主秀為節目安排，最後尾聲則以戲劇表演當作收場。我受邀演出鍾瑛大姊編導的《愛染桂》（あいぜんかつら），這原是一部一九三八年的日本老電影，我飾演一個大醫院院長的少爺，從國外學醫回來，愛上自己醫院的護士，但始終無法在一起，是個愛情悲劇。這是我最喜歡的一部舞台劇，也非常喜愛這個故事。《愛染桂》的中文版本有點像音樂劇的形式，很受歡迎，我每次回台灣，藍寶石就希望我演出。剛好這個角色表現，也是我所有演出中自己最滿意的。離開邵氏公司之後的貝蒂，以及當時中視的當家花旦后儀，都曾跟我一起演過這齣劇。《愛染桂》不只在中南部大受歡迎，我在台北也演出過，是在國聲酒店跟知名歌手林秀珠合演的。國聲酒店在建成圓環旁邊國聲戲院的大樓內。由圓環富商郭錦章投資，常邀請藝人、樂團駐唱演出，盛極一時。而國聲戲院則更為風光，因為投資者是知名電影大亨周陳玉樹，所以，一九六六年開幕時還是由立法院院長黃國書來主持典禮，並請到張美瑤來剪綵。除了《愛染桂》，我還演過鍾大姊編導的《運河殉情記》。這齣劇改編自真實的社會案件，是我幼年時在台南市

圖為林沖以一襲近似貓王的打扮，在高雄藍寶石大歌廳表演的場景。

《愛染桂》改編自日本同名老電影，是林沖秀場表演中十分受歡迎，而他自己也非常喜愛的作品。圖為林沖與知名歌手林秀珠在台北國聲酒店演出《愛染桂》的情景。
圖片來源：林沖／提供

發生的一個愛情悲劇。由於我家就在運河旁，不幸發生之後，我曾親眼見到那兩具由草蓆覆蓋著的遺體。儘管當時我年紀小，但對此事印象相當深刻，沒想到多年後居然有機會親身詮釋這個作品。這也是我第一次碰到豬哥亮。當時他還沒走紅，在劇中飾演我的父親。我記得當時還發生過一個意外。我在演出自殺片段時，不慎撞到頭，結果等我醒來時，人已經在醫院了。一張眼，就看到滿臉擔憂的豬哥亮。事後才知這一撞，我竟昏迷了近兩小時。後來，藍寶石的老闆才想到劇組忘了拜拜。台灣的演藝圈有個習俗：演出不吉劇碼前要先拜拜祝禱，並給演出者紅包。經過這個有驚無險的事件，我也學到了一課。

離開邵氏的十幾年間，我的行程表永遠是滿的。每次演出結束就回台灣暫時休息，若還有空，就飛去日本度個假，然後再趕往下一個秀場。這樣的生活我一點都不覺得辛苦，只要一聽到觀眾熱情的掌聲與尖叫聲，什麼疲勞就都沒有了，燈光一亮、音樂一響，我便開心得不得了。可以說表演就是我存在的目的，舞台就是我優游其間的美妙樂園。但是秀場如戰場，要維持秀的精采度與新鮮感，得花很大功夫。因此就算是形式、曲目差不多的演出，我也會提早做好功課，重新設計造型與安排橋段。不論是過場的舞蹈動作，或是服裝上的小小配件，我都要讓觀眾眼睛一亮，看了覺得有新意。很多人並不知道，舞台表演跟電視電影的表達語言是很不同的，不同的演藝類型有不同的表現方式。即便上台只唱三首歌，我也會配合場地、空間與氣氛用心考量，創造出新的意境，我認為這是藝人的本分。

我剛開始表演工作時，東寶就訓練我自己梳化的技巧。當然公司並不是沒有預算聘請專職的化妝師，但經紀人一再提醒我，要盡量自己學著化妝梳頭，以防哪一天遇到沒有化妝師的場合時，靠自己也依舊可以順利登場演出。經過這樣多年訓練下來，幾乎每個演員都擁有成熟的梳化技巧，甚至還能與時俱進，跟上最新的潮流，有的人甚至在引退之後轉行去做化妝師。自己梳化的最大好處是讓藝人能徹底了解自己外貌的優缺點，如此一來，根據表演現場的環境與氛圍，就能打理出最適合、最融入的表演造型。

一提到我的秀，多數人印象最深刻的，大概就是一套又一套讓人目眩神迷的華麗服裝，以及我快速的換裝方式。這些都是精心研究的成果。我有兩位合作的服裝設計師，一位是日本的設計師，叫做川島，在澀谷的道玄坂開設同名商店。我在邵氏拍電影時，穿的都是川島設計的衣服，顏色鮮豔、款式新穎，非常摩登帥氣，當時在香港曾掀起一陣話題旋風。我因此經常登上雜誌畫報的封面，儼然成為香港的時尚教主，連一條圍巾都能引領流行風潮。另一位設計師是香港的趙大衛先生，專門負責我的舞台服裝，那些全身釘滿亮片的秀服都是在香港由他做的。我覺得歌舞與服裝是我表演的靈魂所在，因此為了追求極

林沖身穿趙大衛設計之秀服登上中視的綜藝節目。
圖片來源：林沖／提供

致的效果，經常不計成本，一拿到演出酬勞就去治裝，有時花的錢還比賺的多。我曾在巴黎買了一件很漂亮的外套帶回來加工，特地把內裡弄成七彩的顏色，非常炫目。這件外套我之前只穿過一次，希望有機會可以再拿出來穿，好好在舞台上展現一下。即使到現在我也還是如此，看到喜歡的衣服就會買下來，以備不時之需。我還有好多件新秀服，都等著有機會好好亮相呢！

至於我的快速換裝，最大的幕後功臣就是香港的趙先生。有次我跟妹妹去英國看外甥女，順便去看秀。那是一個猛男秀，表演者穿著海軍風格的服裝，體格很好，唱歌跳舞之餘還展現肌肉線條。重點是他們換衣服的速度很快，讓我印象非常深刻，回香港後，我就跟趙先生討論這件事。我一開始以為他們用的是扣子，但實驗後發現換得太快，扣子會飛掉。後來趙先生認為對方用的應該是魔鬼氈，於是我就請他幫忙設計附有魔鬼

重視時尚的林沖，其穿著經常成為流行指標。圖為林沖登上香港雜誌《亞洲娛樂》的封面。

圖片來源：林沖／提供

氈的衣服，我自己也會把買來的衣服加上魔鬼氈，這樣換起來果然快速很多。當時台灣還沒什麼人知道魔鬼氈這種物品，所以看到我在舞台上可以三兩下啪啪啪地換裝，都覺得很新奇。我想我應該是台灣最早把魔鬼氈運用在服裝上的藝人吧。不過魔鬼氈也有意外。有一次表演時，我換衣服太過用力，一不小心竟然把整條西裝褲拉了下來，只剩一件內褲；這個失敗讓我當下相當尷尬，不料觀眾反而興奮地尖叫，意外造成很不錯的舞台效果。

我回台灣作秀時還發現，台灣男歌星基本上都沒怎麼化妝，也不流行化妝。所以他們看我每天這樣自己化妝、戴假睫毛，都覺得很新鮮。那時候，台灣的一般女生都還不知道什麼叫做臉部保養，我就已經在敷臉了。日本有賣敷臉專用的保養品，是綠色泥狀，我作秀時在後台休息，就會塗在臉上，小睡一下，起來再洗掉。記得有一次在藍寶石表演，我回到後台，敷好臉沒多久，有位女歌星來敲門。我忘了自己正在敷臉，就直接把門打開，把她嚇壞了，驚叫得好大聲。後來金澎上電視時還講過我這段趣事。

人物小知識

張徹

電影導演，原名張易揚，為現代華語武俠電影鼻祖。曾於台灣拍攝電影《阿里山風雲》，後到香港發展，開創武俠片風潮，而且發掘了眾多武打巨星、武術指導和著名導演，影響後世甚鉅。代表作包括《獨臂刀》（1967）、《大刺客》（1967）、《刺馬》（1973）等。他為林沖在香港成名電影《大盜歌王》的導演，該片插曲〈鑽石〉也是由他作詞。

鄒文懷

香港電影企業家，原名鄒定鑫。一九五九年加入邵氏集團，一九七〇年擔任邵氏兄弟公司行政總裁，但因為對公司制度多有不滿，因此離職出走，與何冠昌、蔡永昌及梁風共同成立嘉禾公司。一九七一年，鄒文懷高薪聘請剛嶄露頭角的李小龍主演電影《唐山大兄》，使得嘉禾成為香港電影市場上的強力競爭者。之後隨著知名喜劇演員許冠文與功夫巨星成龍的先後加盟，更讓嘉禾成為業界龍頭。但隨著一九九七年香港主權移交，間以鄒文懷的得力助手何冠昌逝世，讓嘉禾事業逐漸走下坡，最後於二〇〇八年賣出。

井上梅次

日本電影導演、劇作家與作詞家。一九四七年進入電影界發展，很快就以劇本創作聞名，並於一九五二年開始從事導演工作。一九五五年因執導石原裕次郎主演的電影《呼喚暴風雨的男人》（嵐を呼ぶ男）創下票房佳績，奠定石原明星地位而聞名。井上周遊在東映、松竹等大型電影公司之間，拍了不少影片，經驗豐富，因此於一九六七年受到邵氏邀請，到香港為邵氏拍了十多部電影。在港代表作有《香江花月夜》（1967）、《花月良宵》（1968）、《釣金龜》（1969）等。

何莉莉

香港電影演員，一九六三年時被電影導演袁秋楓發掘，後加盟邵氏，星運大開，與胡燕妮、潘迎紫等女星並稱為「邵氏十二金釵」，受到邵氏力捧。之後又因胡燕妮、凌波等明星結婚，樂蒂轉投電懋，讓何莉莉一躍成為邵氏頭牌紅星。一九七二年與航運鉅子趙世光結婚，淡出影壇。

希區考克（Alfred Hitchcock）

英國電影導演及製片人，有「懸疑電影大師」的美稱。一九二〇至三〇年代在英國拍攝大批電影，開始取得商業上的成功；一九三九年至好萊塢發展，以《蝴蝶夢》（*Rebecca*, 1940）獲得奧斯卡最佳影片獎。其代表電影作品有：《後窗》（*Rear Window*, 1954）、《驚魂記》（*Psycho*, 1960）、《鳥》（*The Birds*, 1963）等。

高寶樹

電影演員，原名高浩如。一九五一年進入香港電影界，但一直到一九五八年加入邵氏才開始飾演要角。在邵氏參演近八十部電影，包括《千嬌百媚》（1960）、《不了情》（1961）、《楊乃武與小白菜》（1963）等，有千面演員之稱。高寶樹在演電影之餘也兼任配音，還曾執導何莉莉主演的武俠片《鳳飛飛》（1970）。一九八〇年代後逐漸淡出影壇。

王福齡

香港作曲家。早期主要創作流行歌曲，後加入邵氏，為其電影創作插曲與配樂，成為邵氏御用作曲家。後以《不了情》（1961）一片主題曲獲得亞太影展最佳主題曲特別獎。其電影配樂代表作尚有《楊乃武與小白菜》（1963）、《雙鳳奇緣》（1964）、《寶蓮燈》（1965）等。流行歌曲的代表作則有〈今宵多珍重〉、〈南屏晚鐘〉、〈鑽石〉等。

丁珮

台灣電影演員，原名唐美麗。她於一九六七年後加盟邵氏公司，多走美豔性感路線，代表作有《應召女郎》、《一代巨星》、《雙星報喜》、《青春萬歲》等。一九七三年因一代功夫巨星李小龍離奇猝死於其寓所內，因此聲名大噪，但也受到不少輿論攻擊。

顧嘉煇

香港作曲家。一九六一年首度參加邵氏電影的作曲比賽，正式開始其音樂生涯，不僅為邵氏創作多首電影歌曲，亦於一九六〇年代初期受邵氏資助赴美深造。一九六八年加入香港無線電視（TVB），打造多部電視劇插曲與主題曲，並擔任綜藝節目《歡樂今宵》音樂總監，使其創作事業更上一層樓。其代表作品有〈煙雨濛濛〉、〈心有千千結〉、〈明日天涯〉等。

邵逸夫

香港電影及電視製作人，一九五八年於香港成立邵氏兄弟電影公司，拍攝千餘部華語片，成為知名娛樂業鉅子。旗下的電視廣播有限公司（TVB）亦主導香港的電視界。一九七七年獲英國女王伊莉莎白二世冊封為爵士。後致力於慈善公益事業，並成立「邵逸夫獎」，表彰教育界和科學界有傑出貢獻的人物。

松寶（Sombat Metanee）

泰國電影演員與導演，其演出與製作的電影及電視作品超過二千部，是金氏世界紀錄榜上有名的多產藝人，在泰國影壇具有舉足輕重的地位。他是動作片演員出身，在一九七〇年代成為泰國首屈一指的男明星，經常與另一位知名女星密差拉（Petchara Chaowarat）共同主演電影。除了演戲與導演外，他的歌聲也備受肯定，曾為自己演出的多部影片錄製原聲帶。

密差拉（Petchara Chaowarat）

泰國電影演員，在一九六一年至一九七九年間演出三百部左右的電影，被視為泰國電影黃金時期的象徵。她以圓而大的眼睛與精緻的髮型聞名，曾於一九六四年榮獲泰國國家電影獎最佳女演員，並從蒲美蓬國王手中接過該獎項。

岸洋子

日本知名香頌歌星，本名小山洋子。原本立志成為歌劇家，卻因心臟問題而放棄。在病床上聽到琵雅芙的唱片時覺得十分感動，遂轉向成為香頌歌手。在日本香頌界與寶塚歌劇團出身的越路吹雪齊名，時人以「有魅力的越路、值得一聽的岸」而評價之。代表歌曲有〈恋心〉、〈黎明之歌〉（夜明けのうた）等。

陳蝶衣

知名作詞家。一九三三年獨立出版《明星日報》，發起中國歷史上第一次大眾選美活動「電影皇后選舉大會」。一九四一年創辦《萬象》雜誌，擔任首任主編。一九五二年移居香港，一九九六年獲香港創作人協會終身成就獎。一生填詞作品高達五千餘首，多與知名作曲家姚敏合作，代表作品有〈南屏晚鐘〉、〈情人的眼淚〉、〈愛神的箭〉、〈春風吻上我的臉〉等。

江浪

台灣電影導演、編劇、電視製作人及演員，本名鄭義男。江浪出身戲劇世家，父親鄭政雄（鄭東山）為新劇、台語片導演，母親為演員金燕，胞妹鄭小芬也是演員。十八歲起便展開導演生涯，在台語片沒落後轉進電視圈，陸續在華視、台視任職，除製作台語連續劇外，也擔任過主演，其叛逆氣質虜獲眾多粉絲。之後離開電視圈，重回電影界執導國語片，代表作《失聲畫眉》（1991）曾獲多項國際影展肯定。

白景瑞

台灣電影導演。曾任《自立晚報》影劇記者，以筆名「白擔夫」在《聯合報》撰寫藝術評論。在義大利新寫實主義電影影響下，一九六一年至義大利學習繪畫、舞台設計與電影，是早年台灣少見具有國外電影相關學位的電影工作者。一九六四年學成歸國後進入中影，一路做到導演，為健康寫實路線之代表人物。一九七〇年代以降，開始嘗試拍攝文藝愛情片與文學作品改編之電影，代表作有《再見阿郎》（1970）、《一簾幽夢》（1976）及《金大班的最後一夜》（1984）等。

蕭芳芳

香港演員，原名蕭亮。七歲便開始演電影，一九六〇年以邵氏電影《苦兒流浪記》成名，在香港電影的黃金時期拍了不少片子，也曾參與電視劇演出。其代表電影作品有《歡樂滿人間》

（1968）、《女朋友》（1974）、《女人四十》（1995）等，亦曾兩度獲得香港電影金像獎和金馬獎的最佳女主角。

秦祥林

電影演員。曾於復興劇校學習京劇，後於香港踏入影壇。一九七三年回台首次主演電影《心有千千結》後一夕成名，隔年又因演出《一簾幽夢》與《婚姻大事》兩部片，成為知名小生明星，逐漸開啟「二秦二林」（秦漢、秦祥林、林鳳嬌、林青霞）的文藝片時期。他曾兩度獲得金馬獎最佳男主角，也曾與林青霞和蕭芳芳交往過，但最後不是分手就是以離婚收場。

貝蒂

台灣演員與歌手，本名韓白綢，為宜蘭人。年輕時參加歌唱比賽，之後加入中華藝術團至香港發展。受電影導演楚原之邀，與邵氏當家女明星何莉莉在武俠片《愛奴》（1972）中搭檔演出，因大膽的女女戀愛表現而奪下法國坎城影展大獎，一炮而紅，成為邵氏合約演員。七〇年代末期回台參與電影與電視演出，一九八一年後淡出演藝圈。

郭錦章

出身寧夏路圓環一帶，以經營戲院、酒店起家。並於一九八一年當選台北市議員。事業極盛時期，旗下曾擁有遠東戲院、光明劇院、國聲酒店及建設公司，雄霸一方。一九八五年，市議員連任失敗，聲勢逐漸走下坡，其後，為償還銀行的巨額借款，陸續賣出戲院及圓環精華區土地。藝人郭靜純為郭錦章姪女。

周陳玉樹

國聲電影公司董事長，台灣知名的電影大亨。二戰後因從事地產及建築業致富，於一九五〇年代在西門町創立其電影事業，旗下有新生、樂聲、國聲等戲院。其中創立於一九六四年的樂聲戲院有一千六百多個座位，為全台當時最大的戲院。

黃國書

本名葉焱生。出身新竹北埔的客家人。由於年少時與日本警察發生衝突，於一九二〇年潛赴中國。後以「炎黃子孫」的「黃」為姓，改名國書，並透過中國國民黨保薦考取日本陸軍士官學校，以第一名畢業後，又進入日本砲兵專科學校。中日戰爭時曾任陸軍中將，為少數台籍將領之一。一九四八年當選台灣省立法委員，一九六一年當選立法院院長，不僅是首位台籍院長，也是蔣中正時代政階最高的台籍人士。

金澎

台灣歌手與藝人，本名陳聰仁。服役時曾加入陸軍藝工隊，以能歌善舞出名。一九七〇年代後因參加音樂劇演出「小黑人」一角，以此為外號逐漸走紅。一九七三年於麗風唱片灌錄首張唱片，之後曾與張小燕等知名藝人共同主持電視節目，目前則以表演台灣民謠和老歌為主。

第五章

人生的舞台有雨也有晴

差點失去弟弟，領悟人情冷暖

雖然我把表演看成我的天命，上了舞台，什麼都能忘卻。不過，我畢竟也只是個凡俗之人，下了舞台，大明星也要面對被種種人間事切割裂碎的生活片段，一樣要嘗遍人情冷暖。因為了解這個世界並不美好，我總是盡力讓我的表演充滿陽光感，希望能給觀眾一兩個小時暫忘煩慮，讓耳目享受最直接單純的快樂。保持純真

林沖（右一）與妹妹及弟弟在東京的住所。
圖片來源：林沖／提供

的心性並不表示沒見過世態炎涼跟人性美醜，相反的，正是因為我了解，所以更希望能夠把歡樂帶給喜愛我的人們。

我到東京之後，自然是跟早我一步來留學的弟弟妹妹住在一起。當時台灣嚴格限制外匯，因此家裡無法自由寄錢到日本。不久，父親的事業出現危機：由於他經常北上開會，無暇顧及台東糖廠的生意，導致工廠被秘書挪用公款漸次掏空，經營危機導致家裡的生意開始走下坡，最後只好賣掉。因此那段時間，我跟弟弟妹妹在國外的生活就得完全靠自己。雖然我大哥會幫忙，但是那時候出國不易，託人帶錢也得要碰運氣，我們三人的生活費自然就落在我肩上。

剛開始，我仗著自己有點語言天分，便到旅行社去打工，接待遊客。可是一個月也才賺兩萬多日圓，經常入不敷出，連繳清房租都有困難。雖然我在台灣是個明星，可是，我當學生時就出道了，出國前並沒有真的煩惱過什麼經濟的事。一來到日本，突然要代替父母扮演家長的角色，弟弟妹妹要我照顧，生活費要我張羅，我還要煩惱自己的前途，心情一直都很焦慮。

我們三人在東京搬過很多次家，住過不少地方。最早是擠在一個狹小的空間裡，雖然很辛苦，但是我為了明星夢，還是繼續加強舞蹈，沒有放棄。弟弟妹妹知道表演是我的興趣跟夢想，都很支持我，沒有抱怨。幸好這樣的苦日子沒有太久，我就因為參與東寶音樂劇《香港》的演出領到第一筆酬勞。我到今天都還記得那個欣喜若狂的日子，不只是站上了寶塚舞台，還領了十萬日圓的演出費，以及一萬日圓的獎勵紅包。一拿到錢，我馬上去付清積欠的房租與妹妹的學費，雖然所剩無幾，但是心情總算不再那麼緊繃。

成名後，我陸續接到舞台演出跟電視劇的通告。從此，我們的生活開始好轉。收入較穩定後，我就帶著他們換到較大較好的房子去。一九六一年底，在獲得富士電視台《檢事》的演出機會後，我原本慶幸可以再多賺一點錢改善生活，沒想到我人生中最艱難的關卡，就如晴天霹靂般出現了，讓我完全措手不及。

我父親送弟弟到日本的原意是要他念書，但是，跟他來往的日本同學都愛喝酒，這使得他也染上喝酒的習慣，幾乎到了酗酒的程度。他常常從早上就開始喝，結果就這樣喝壞身體，喝到胃出血，有好幾次他甚至在家裡吐了血。只要他一吐血，我妹妹就慌慌張張打電話給我。我只好要她暫時別去上學，留在家裡照顧他。弟弟身體的狀況已經夠讓我們擔心了，可是我們還必須時時記得把吐出來的血清理乾淨，免得被房東發現，萬一被趕出去，我們就連住的地方都沒有了。

弟弟的身體就這樣子拖著，也沒就醫。有一天，聖誕節前夕，我正在排練電視劇演出，噩耗突然傳來。醫院十萬火急打電話通知，要我儘速趕到醫院去簽手術同意書，因為我弟弟的狀況很不妙。他的肚子都脹起來了，必須趕快開刀處理，否則會有生命危險。我嚇得渾身發冷，腳底血液好像凍結一般，一時間竟無法移動。清醒過來後，馬上跟導演請假，火速趕到醫院。

每次想到這段往事，我都忍不住想掉淚，我這一生中從沒有過比這更害怕更恐懼的經歷了。即使是我自己後來得知罹癌時，雖然驚惶，但也沒有那樣茫然無助。當時，我才二十幾歲，人在異鄉，又沒有大人親友可以依靠。眼看著弟弟在生死之間徘徊，腦中空白一片，完全無法運轉。到了醫院一見到醫生，我急得都要跪下去了，像抓住浮木一樣緊緊抓住他：「醫生！請你一定要救我弟弟，不管如何都要救救他啊，拜託您了！」我激動地跟醫生說，如果他真的撐不下去，明天早上我馬上想辦法把他送回台灣。他就算要死，也得死在台灣，死在爸媽身邊。那位醫生人很好，看我驚慌失措，緊張到語無倫次，很溫柔地安慰我，保證他一定會設法救他。然後弟弟就被送進開刀房了。我站在病房外，看著他被推走，卻沒有辦法進去守著他，非常難過自責，不知道怎麼對在台灣的父母交代。

等他進了手術室後，我才猛然想到：錢呢？開刀要好大的一筆錢啊！可是我身上根本沒那麼多錢，該怎麼辦呢？正急著，我突然想到我有一位親戚就住在東京，還算得上是有

日大教授的雪中送炭之恩，讓林沖永銘於心。圖為林沖（中）與教授（後戴眼鏡者）一家人的合照。
圖片來源：林沖／提供

錢有地位，應該可以幫忙。我便打電話跟他求救，希望能先借一點錢度過眼前的難關。不過，當時已經是晚上十一點多，或許是我設想太不周到，親戚在深夜接到電話，又聽到我是要借錢，只是很生氣地罵了一聲「馬鹿野郎！」就掛掉電話。六神無主又徬徨無助的我，當下難過到只想放聲大哭。眼看求救無門，真不知該怎麼辦才好，情急之下只好打電話給我在日本大學演劇學科的教授，希望他能幫忙。

我因為加入東寶演音樂劇，導致才去學校註冊報到沒多久，就常常無法定時到校上課。之後我走紅，又忙著拍戲，根本就像幽靈學生。但我跟這位教授的關係很好，經常到他家作客，教授也很疼我，師母對我們兄妹三人也很照顧。雖然我打電話去已經是深夜，但是他一聽到我弟弟出事進了醫院，馬上帶著師母和兒女一起坐計程車來醫院探望我們，還交給我六萬日圓付開刀費。老師雪中送炭，不但解決我的困難，還安慰了我被親戚的冷漠所深深刺傷的心情。我宛如坐雲霄飛車，在經歷了一整天的焦慮與痛苦無助後，感受到人性的美善如和煦陽光的溫暖，使我的心情稍微安頓下來。我在醫院裡守著弟弟，深夜的寂靜讓我的呼吸也漸漸變得平穩。我走到窗邊，看著遙遠但清亮的星光，安靜寒冷的夜深之處，隱約有聖誕音符飄過來，溫柔地縈繞著我，宛如媽媽的懷抱。

弟弟住院這個意外，讓我在一夕之間領悟到什麼叫人情如紙。當然，雖然自己的親戚如此冷漠的對待令人心寒，可是，我卻從沒關係的外人手中接到滿滿善意，足見世間處處有溫情。弟弟住院期間，我努力拍戲以支

林沖因為弟弟在日本重病，而透過何應欽將軍首次接觸到教會。他當時並不認識這位神，更不知道他日後會再度與這位神相遇，並從此改變自己的人生道路。
圖片來源：林沖／提供

付醫藥費並償還老師的借款。《檢事》的猪俣導演知道我的狀況後，特別調整劇情，讓每一集都有我的戲分，使我每週都能領到酬勞。這個人情，我也點滴牢記在心頭。當時剛好我國的何應欽將軍也在日本，他是我非常尊敬的長輩，也是我生命中的重要貴人。當初，我以民族舞蹈比賽亞軍的身分獲選參加由他領軍的訪美團而與他熟識，他相當疼我，也一直保持著聯繫。因此，他一聽到弟弟生病住院，便趕緊帶我到他常去的教會。我記得那個地方在東京六本木我國大使館附近，有很多華僑教徒都在那兒聚會。何將軍應該是虔誠的基督徒，他跟教友們講了我的狀況，請大家一起幫忙禱告。那是我第一次到教會去，不過我對宗教完全沒有概念，對於大家願意對我這個陌生人伸出援手，請神救我弟弟，我真是感動又感激。

我當時住在水道橋（現在的東京巨蛋就位於水道橋），附近就有菜市場，收工後我若有空，就會去買一條帶有魚卵的鮮魚，加入薑絲煮成魚湯，送到醫院給弟弟喝。從小，媽媽就做魚湯給我們喝，她說這種湯對病人最好，而且要用有魚卵的魚。我一邊煮，一邊想念媽媽，滾水嘩嘩的蒸氣讓我看不清鍋裡的東西，眼裡都是水，也分不清是眼淚還是水氣。

弟弟當時住的日本大學附屬醫院位於新宿西口，在新宿火車站後面。我送魚湯去時，為了節省車資，便在新宿火車站提前下電車，然後從火車站後門走到醫院。可是因為得走上半小時，又擔心在雪天裡，湯會冷掉，所以就緊緊抱著湯鍋，用身體去保溫。那時，沿路都播放著「叮叮噹」的聖誕歌謠。天氣雖然寒冷，可是空中充滿歡愉的節慶氣氛，街上還有情侶親密的身影，或是媽媽牽著孩子快樂地購物，但我卻孤獨走在積雪的東京街頭，滿心掛念著弟弟。一路上，我不斷跟自己說話，說我好想念父母，好希望他們就在身邊，這樣我就不會壓力這麼大，沒有人可以商量，一個人也不知該怎麼辦。另一方面，我又很自責沒有盡好做哥哥的責任，讓弟弟病到這種地步。常常邊自言自語，眼淚就滾落下來。在凜冽的冷風裡，熱熱的眼淚刺痛我的臉。我小心揣著魚湯，繼續前行，心裡深深感嘆，為何人生是這樣艱難。

後來，我把這段異鄉痛苦經驗中的無助無奈之情，都寫到〈故鄉之歌〉這首歌裡，拿到了亞洲歌唱大賽的冠軍。經過弟弟生病這件事後，我心裡暗暗立志，一定要出人頭地，凡事都要自立自強，絕不再求人。這段經歷，我永遠也忘不了。親不如貴！人要有名、有錢，要自己爭氣才行。我後來自然也就跟那位親戚斷了關係，但我沒有把這事告訴我父親，只有告訴我哥哥。我一直感念我的大學教授，在那個時候特別趕來雪中送炭的恩情。點滴在心，我一輩子都不會忘記。

走紅難免遇上黑道與小人

雖然我自己一直以來都不想演出反派角色，不過黑道可沒有就這樣放過我。藝人是公眾人物，目標顯著，因此我曾在作秀回台休息的空檔，數度被暴力集團盯上。當時台灣還不是這麼流行保全，公寓的管理也不是太嚴謹，所以連自家都不是能讓人放心的安全處所。有一天晚上，突然有兩個人跑到我家來，還有四個則在樓下把風。這登堂入室的兩個人，一個扮黑臉、一個扮白臉，說是冒昧打擾，因為欠缺旅費，想跟我要點錢跑路。我說我才剛從國外作秀回來，家裡沒什麼錢，現在時間晚了，要湊錢也不方便，客廳抽屜裡倒是還有一些名牌手錶，他們要的話，可以自己去翻。但對方也沒認真找，只是一味跟我要現金，還威脅說，若沒錢的話就得見紅。我瞄見他們還帶了硫酸在身上，不禁背脊發涼，恐懼感陣陣襲來。最後，我只得把身上的一萬多元全掏出來，這才把人送走。他們一離開，我馬上打給附近大使館的維安人員，對方隨即聯絡記者趕過來，我則是嚇得隔天就趕緊飛往香港了。

另外一次也是在晚上。我聽見門外有人，說是要找我。我往門孔一看，發現是不認識的人，還透過門孔窺看屋內，嚇得我不敢開門也不敢亂動。結果剛回到客廳，電話就響起，這下子我更不敢接了。隔一陣，又來了一通電話，我硬著頭皮接起來，對方一開口就嗆聲：「我按電鈴，怎麼沒人開？」我回答他大概是打錯了，便趕緊掛上電話。後來樓下開美容院的鄰居告訴我，她曾看到有人在我家門口徘徊。我在秀場耳聞有些黑道分子只要賭博輸了錢，就會去堵明星「借」錢，或是直接恐嚇勒索。我在歌廳外有時也會見到兄弟聚集，只是沒想到他們還敢直接上家門，真讓人害怕。

還有一次，居然就堂堂發生在大庭廣眾之下，真的很大膽。當時我正要到住家附近的超市買東西，半路上就被一位道上弟兄攔下。他表示自己正在跑路躲警察，要我幫忙，我就把身上僅有的幾千元都給了他，並說明自己出門時，通常都不會多帶錢，所以就只有這些。還好對方拿了錢就走。

至於到外地去作秀，驚險的指數就更高了。某一年，我在台南的世界戲院進行年度演唱會，沒想到第一天回旅館的途中就被人跟蹤。對方打電話進來說是粉絲，想跟我要簽名照，我一時沒提防，就請對方上樓來。不料，開一門就看到一位兇神惡煞的傢伙，開門見山地表示，他要的不是簽名照，而是跑路費。我這才想起來，的確表演時這人不但在場，而且還坐在相當前排的位置。我陪笑說因為行程尚未結束，還沒拿到酬勞，得先跟戲院老闆要。第二天他又來看表演，我看到他出現，趕緊通知後台。剛好現場有一位我認識的記者，聽我講了這件事後，認出對方及所屬幫派。於是他立刻打給另一個幫派，約了兩邊人馬出來講話溝通，最後要我出錢請雙方吃飯，這才把事情解決。

還有一次是去澎湖勞軍，表演完畢後，就在酒店舉行慶功宴。當時有五到六位地方角頭在我們附近喝酒，也不知為何，他們硬要我過去，還要我坐下來陪他們一起喝。那時，我身旁的人見狀不妙，全都溜走，剩我一個人在場，還要面對角頭灌酒，真是害怕得很。幸好後來終於有人來相救，藉口說外頭有人找我，趕緊把我帶離現場，才順利脫身。

不過嚴格說來，以上這些都只是言語威脅，比不上某一次去荷蘭作秀的經驗。當時因為我們太早到達旅館，無法馬上入住，因此便與秀場老闆一起去附近的唐人街吃飲茶。吃著吃著，突然聽到一個聲音，抬頭發現當地的華人黑道正拿槍對著我們，用廣東話問：「誰是老闆？」接著就一把抓住老闆的長髮，不讓我們離開。言談聽起來好像是跟保護費有關的糾紛，且對方厲詞威脅老闆，若不給保護費，當晚我們就別想上台。

不過，那晚的表演還是如期進行。我們本以為沒事了，沒想到更驚嚇的在後頭：同行的女歌星唱歌唱到一半時，突然跑進後台跟我們說，樓上有兩個拿長槍的人。老闆一聽，趕緊從廁所跳窗逃走，我們都呆了，也不知道該怎麼辦才好。過沒多久，又出現了一名香港幫派老大。我們完全搞不清楚這是怎麼回事，這裡明明是荷蘭啊？不過，這個人我倒是認識；在香港時，他曾來看過我的表演，對我很照顧。他看到情況不對，就過來幫我們處理；搞到後來才知道，這位邀請我們來的老闆，本身也在荷蘭經營鴉片生意，不知何事跟對方起了衝突，結果他自己閃躲跑掉了，卻連累了來作秀的我們。雖然說最後還是化險為夷，但對我們來說，這可不只是虛驚一場啊。

人生如戲，戲如人生，差別只在於人生的劇本沒有彩排過。我很注重形象，所以演藝生涯一路走來，酒、色、嫖、賭等等壞習慣都沒沾染上，也沒有興趣。雖然之前還抽煙，現在也戒掉了。我的私生活很單純，沒有大爆料的價值，加上我對記者或同業總是保持友善，盡可能跟他們維持良好關係，所以魚幫水、水幫魚，我出道數十年間，極少成為小報周刊或八卦報紙的主角。儘管如此，我還是曾經被負面新聞跟圈內同業傷害過，非常無奈。

我剛到香港發展時，與某位女記者的關係很不錯，對方利用她的職務之便，不但力捧我，還希望我搬到她家去同居。但是，我當時才進入邵氏，在香港的事業正要開始，生怕同居這種事一旦傳開，會對我的名聲跟形象有不好的影響，因此便拒絕了。後來，當她得知我有交往的對象時，非常生氣，不但在報紙上痛罵我、批評我，還用極誇張的筆法胡亂編織我的八卦新聞。由於她在記者圈內算是有地位有分量的人，因此這些虛構的負面消息著實影響了我好一陣子。後來我只好行事更加小心謹慎，不讓她抓到可以胡亂加油添醋的把柄。我盡可能不出現在聲色場所，若是非去不可的應酬場合，去了也盡快離開。同時，不管參加任何公眾活動，我在事前都會先打聽是誰主辦、有誰在場，絕不單獨赴約，免得落人口實。

演藝圈是一個人際關係相對複雜的工作環境，人在江湖，很容易就會惹出不必要的是非。可是，怎奈人心難測，防不勝防。雖然我時時警醒注意，但是在香港發展時，或許是因為走紅得太快，還是引起不少男明星的忌妒。有些是對我當面擺架子，有些則是暗中扯我後腿，這些惡意的舉動讓我相當震驚也很沮喪。我記得我在進入邵氏之前，有一次到片場去參觀，認識了邵氏旗下的某位男明星。當我在夜總會表演時，對方還帶妻子一起來捧場，互動十分和樂。後來，邵氏決定要捧紅我時，這位明星卻吃味了，覺得我搶走他的鋒頭，不但徹底跟我翻臉，對我甚至可說是恨之入骨。這讓我覺得既無辜又無奈。一來這是公司的決定，與我個人實在無關，二來，我們兩個人的戲路根本截然不同，要說對方的明星光環會因為我而黯然失色，那是絕不可能的事。後來他再遇到我，就開始當我是空氣人，無視我的存在。類似「人紅遭妒」的事情，在拍《大盜歌王》時，也還遇過類似的事，而且對方還是同為台灣出身的男演員。反而，我在香港遇到的女明星大都對我很好，大概就是所謂的同性相斥，異性相吸吧。

免費炒米粉害我上了黑名單

不過，在人生的舞台上，人紅遭忌以及人情冷暖，比起上了政治黑名單，那可是小巫見大巫。我在日本演過音樂劇、電視與電影，出過唱片，還在日本廣播電台（日本放送）主持名為《晚安，我是林沖》（こんばんは、僕、林沖）的廣播節目。這個節目型態走輕鬆路線，以跟觀眾聊天的方式來介紹當時台灣的流行歌。為了這個節目，我還特別請在台的朋友幫忙蒐集流行唱片，寄到日本給我。

當時，東京新橋附近有一間台灣餐廳的老闆，主動贊助這個廣播節目。因為我才剛出道，能有這個機會得到同鄉支持，心裡非常感謝。那位老闆很熱情，常歡迎我去，只要我約朋友一起到店裡吃飯，他都會免費炒米粉給我們吃。半夜下班還能去贊助者的店裡吃家鄉味當宵夜，經紀人跟我都很高興。

有一天，我堂哥要到東京來找我，我非常高興，準備要好好迎接他，可是出發當天，我卻怎麼等都等不到他的電話。後來才知道，原來他接到有關當局的警告：林沖是台獨分子，千萬不要來往，以免招來殺身之禍。在那個杯弓蛇影的戒嚴時代，我堂哥當然嚇得不敢來，還馬上把這可怕的消息告訴了我父親。我父親也嚇到了。怎麼兒子好端端地送去日本，突然就變成台獨分子？那是發生在我代表國家得到亞洲歌唱大賽冠軍，頂著中華民國之光的榮銜，準備要回台灣表演的時候。當時台灣的報紙已經為我要回國做了很大篇幅的報導，一切都很順遂，怎麼會在這時突然跑出如此可怕的政治指控？這下子我家人全都慌了，力勸我先不要回國，免得一下飛機就被抓走。這當然是無中生有的事，可是我也不知道該怎麼辦，便打電話告訴何應欽將軍。正巧此時他要回台灣去，答應幫我去了解狀況。

那時是一九六〇年代。我焦急地等著何將軍的消息時，零碎的影像像水泡般地從記憶之井的深處慢慢浮起。我想起了在台北跟蔡瑞月老師學跳舞時，教室裡總是看著我們的「林老師」；想起有消息傳說，提拔我的白克導演前幾年因為「通敵資匪」而被槍決……我當然是被冤枉的，我不認識什麼台獨分子，也不認識半個左派青年，這到底是怎麼一回事？我不知道自己是何時被特務鎖定的。我對政治可以說是幾乎漠不關心，為什麼我會有事呢？暗中盯著我的那雙眼睛又是誰呢？我認識嗎？

何將軍因為對我非常了解，一回台灣就帶著我父親與大哥一起到大直的情報單位去。他們翻了資料，果然看到我被列在黑名單上，父親跟哥哥嚇壞了。幸虧何將軍馬上就拿起筆來，當場把我的名字畫掉。還好有他出面，我才平安度過這個天上掉下來的災難。

後來我才知道，問題就出在日本那間餐廳。不知道是出入的人員比較複雜，還是老闆本人就有台獨政治想法，反正，有人舉報老闆是台獨分子，而我也因為經常進出這家店，連帶就被懷疑了。雖然我父親及伯叔有多人從政，但是我自小就對政治毫無興趣。到日本

國家人權博物館籌備處舉辦「白克導演的一生」特展，邀請白克先生公子白崇光、白崇亮先生、小豔秋、林沖、紀露霞、鄭秀美等多位資深影人以及政治受難者前輩崔小萍、蔡寬裕等百餘人共同出席。透過影片、電影海報及珍貴的生活照來緬懷白克導演對台灣電影產業的偉大貢獻。

林沖指著劇照與大家分享自己當年初試啼聲的從影歷程，對白克導演滿是感念。
圖片來源：劉國煒／拍攝

後，我更是專心一意地只從事演藝方面的事情，每天忙著上課、表演。沒想到連生活這麼單純的我，也會被列入黑名單之中。

這件事我現在想起來，還是心有餘悸，比遇到鬼還可怕。二〇一六年，國家人權博物館舉辦「白克導演的一生」特展，我也受邀出席。那天，白克先生的兒子白崇亮說：「白色恐怖最可怕的，就是你不知道這是什麼，所有的事情都是一片空白、寂靜，被隔絕開來，也不知道該如何面對。」這真是讓人直冷到骨子去的恐怖經驗。的確，我那時根本就不知遇到了什麼，也不知道該如何面對。我看著特展中《黃帝子孫》劇組的合照，正中央坐著意氣風發的白導，年輕的我們笑得燦爛，渾然不知將摧毀這一切美好的白色恐怖，正悄悄朝我們移近。

與NHK當家花旦難忘的初戀

在日本時，除了弟弟生病住院之外，我的生活算是平順，但也平淡。我就是不斷地工作、鍛練身體、提升專業技能、擴展社交人脈，總之就是一直為了力爭上游而努力。日復一日繁忙又單調的生活，宛如沒什麼變化的朗朗晴空。不過，再平淡的天空，偶爾也會出現亮麗的彩虹，讓人終生難忘。曾與我一起拍攝NHK電視劇《海上微風》的小林千登勢小姐，就是我旅日生活中的一道彩虹。

小林千登勢是當時NHK電視台的當家花旦之一，她主演的《海上微風》是一部充滿愛情童話風格的作品。我在劇中飾演一位從南洋來日本遊玩的南洋王子，小林則飾演在箱根湖開遊艇的導遊小姐。拍攝期間，我與小林千登勢相當要好。她常常打電話約我，我們心裡都喜歡對方，但劇組的導演也喜歡

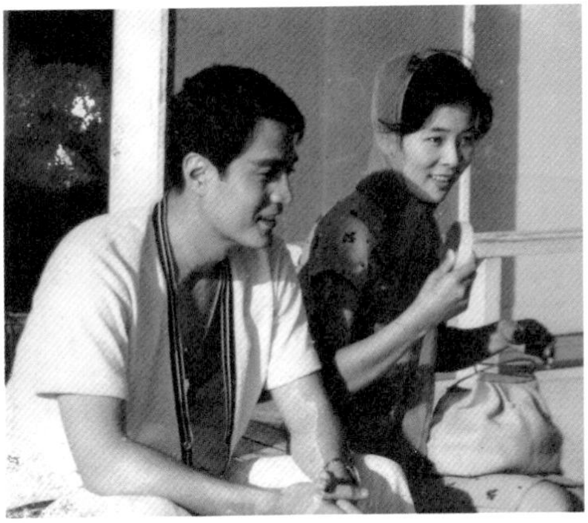

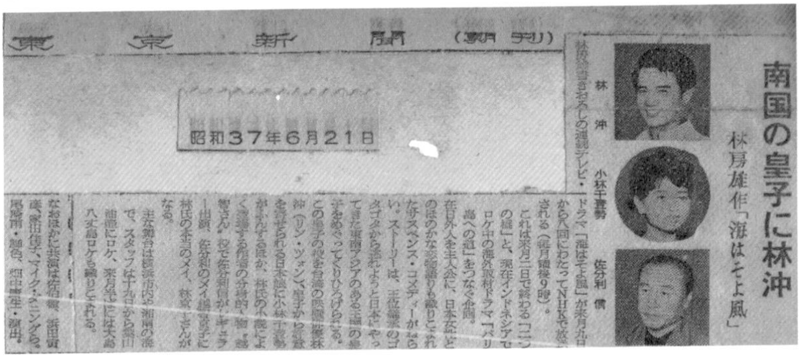

林沖與小林千登勢演出NHK連續劇《海上微風》。
圖片來源：林沖／提供

她，所以我們只能偷偷約會。

小林小姐雖然個子不高，但長相可以說是NHK當家女明星裡最漂亮可愛的，清純氣質中帶點淡淡的哀愁感，非常迷人。由於她住在橫濱，我總是從東京開車過去。我們會一起在當地的夜總會跳舞、吃飯或游泳，再到神奈川縣茅ヶ崎市內，去日本大歌星加山雄三開的大型飯店「太平洋」（パシフィックホテル）喝咖啡、聊天，常常玩到凌晨兩三點才回家。當時我實在很喜歡她，所以就算時間再晚，我也願意開車載她去兜風。我們彼此都喜歡對方，有來有往，她人又很可愛，也沒有因我是外國人就排斥我。她的可愛不只是長相而已，舉手投足都讓人覺得好舒服。有一次我們在海邊玩，她穿的泳衣尺寸太大，結果從水裡起身後，衣服竟因為水的重量而往下滑，意外走了光。但她只是小小驚呼一聲，便咯咯地笑起來，邊拉衣服邊說：「啊呀，胸部不小心露出來了呢！」態度非常大方自然，一點也不扭捏做作，就是這種可愛的作風深深吸引著我。

拍完《海上微風》後，我跟小林千登勢的感情仍然繼續維持。由於當時純粹就只是互相喜歡，加上我的事業心重，對未來沒想太多，兩人關係也就慢慢淡下來。我去韓國參加亞洲歌唱大賽後，就轉往香港夜總會演出，總是日本、香港來回跑。邵氏與我簽約後，我的工作重心正式移往香港。直到電影《大盜歌王》走紅，我利用拍片空檔回日本，想約小林小姐出來見面時，才知道她已經結婚了。她的先生眼睛很大，鼻子尖尖，外型還跟我有點像呢。知道這消息的當下，我十分失落，感到後悔莫及。因為我真的很喜歡她，只是當時太過於投入工作，無法分心去經營相隔兩地的關係，一段渴望的感情就這樣錯過了。

我回到日本時，富士電視台導播安排我去上一個娛樂節目《正午時間》（ハイヌーンショー），我還在裡面表演了一首中文歌，是白光的〈狂戀〉。因為已經很久沒出現在日本電視上，主持人要我談談在日本的回憶。談著談著，他突然說：「難得您回日本一趟，這次我們也安排一位神祕嘉賓來跟您見面。聽說您們兩位曾在橫濱的夜總會喝酒跳舞呢。您猜到接下來會見到誰了嗎？」我吃了一驚，心裡忐忑又期待地想：「該不會是小林千登勢小姐吧？不可能吧！」結果神祕嘉賓一出場，果然就是她！我又驚又喜，她則是有點不好意思，一直說：「哎呀，我已經結婚了呢。」感謝富士電視台，我就這樣毫無預期地，再次與小林小姐見了面，兩個人還開心地互相擁抱。我這一生雖然也談過幾次戀愛，但最認真的一次就是跟小林千登勢。跟她談戀愛的那段日子，真可以說是充滿粉紅泡泡呢。不過，緣分這種事就是這樣，緣盡，近在咫尺也會錯過；有緣，再遠的時空也無法阻隔。

時隔多年，林沖與小林於富士電視台的綜藝節目《正午時間》重逢，不過小林此時已為人妻了。

圖片來源：林沖／提供

與白光緣繫一生

早在我出道前，愛看電影的我就知道「白光」這位大明星。她不只歌唱得好，戲也演得好。是電影圈的傳奇人物，雖然我自己也是電影明星，但我從來沒想過會有認識她的一天，還與她成為好朋友。

我第一次和她見面時，已經在哥倫比亞唱片出道，電視上也有點名氣了。有一次哥倫比亞安排我到東京品川的某個夜總會作秀，剛好那時白光跟她男友也在東京。白光的男友是一位很有錢的菲律賓華僑，他們住在東京的希爾頓飯店，晚上沒事到附近晃晃，看到演出海報上寫著「台灣的新星林沖」等字樣，覺得很好奇，就過來一探究竟。白光在一九五〇年代時，曾從日本挖掘了丁好與喬宏兩位藝人到香港去發展，事隔多年，沒想到她跟男友到日本度假時又遇到了我，這讓她很開心。表演結束後，白光主動跟夜總會經理提出她想認識我的要求，我聽到時，還真不敢相信指名要見我的觀眾是大明星白光。於是，我們就這樣認識了，還互留電話號碼。

她的男友回菲律賓後，白光仍孤身住在東京。有一天她突然聯絡我，提到想搬到比較便宜的住所，於是我便幫忙她找到一間台灣人在池袋開的小旅館。對方一聽到住客是白

林沖於日本讀賣樂園的水上芭蕾劇場表演時，與前來探班的白光合影。雖然身為大明星，但是白光毫無架子，與同在海外發展的林沖結為忘年之交。儘管低調，穿著豹紋大衣的白光，仍不負一代妖姬的美名。
圖片來源：林沖／提供

光這個大明星，自然非常歡迎，而這件舉手之勞也讓我跟白光變成好朋友。當時白光喉嚨狀況不好，我不但介紹喉科醫生給她，還陪她去看病，又幫她付錢。白光因此覺得很感動，把我當貼心好友。不僅特地到讀賣樂園的龍宮城看我表演，甚至還想收我當乾兒子。但我那時年輕，聽見昔日的大明星這樣提議，只覺得很惶恐，連忙表示：「你是大明星，我不敢高攀呀。」過一陣子，她就離開日本回香港去了。

不過，有緣就會千里來相會。幾年後，我有機會到香港發展，才驚喜地發現白光不但住在我家附近，而且就在同一條街上！我住街頭，她住街尾。當然，因為地緣的關係，我們的往來就更加頻繁了。她在一九五〇年代末就淡出演藝圈，也許是個性如此、也許是因為退隱，她不怎麼在乎形象。講話很爽朗、嗓門很大，走到哪邊都哇啦哇啦的，活力四射。她連講起當年國泰大老闆陸運濤如何追求她，還有誰對她動腦筋等等花邊舊事都一點也不在乎，音量之大往往惹得旁人側目。她的人生故事真的很緊張精采，完全不輸劇情片！抗戰勝利後，她以漢奸的罪名被逮捕，差點被槍斃，正好當時有一名從事地下工作的高層適時出手，因此助她逃過一劫。她說，這名高層人員對她十分迷戀，交往時不但每天都跟她黏在一起，外出時，還會把門鎖上，不讓她出門；她也以「達令」（darling）一詞稱呼對方。不管是這一類的八卦軼事，還是跟戰爭相關等等驚心動魄的經歷，白光都有不少回憶可說，連日本的大間諜她都認識呢。儘管她的人生經歷如此高潮起伏，但為人卻十分豪爽。所以跟她在一起的時光總是非常輕鬆快樂。

我跟白光的關係，從私到公都非常深厚。拍《大盜歌王》時，她和高寶樹大姊一起指導我的中文發音。我離開邵氏後到馬來西亞巡迴演唱時，由於當地的富商喜歡香港明星，我便介紹白光跟我一起過去演出，她也因此在那邊又遇到有緣人。說來，這段戀情的誕生也很「白光風格」：顏龍比她小二十歲，是她的歌迷，當時在他哥哥主持的「五月花歌廳」幫忙，去作秀的白光剛好在後台聽到同台演出的馬來西亞女子說顏龍很好騙，這下子個性直接、好打抱不平的白光馬上就利口回嘴，兩人為了一個根本與她們都不相干的男人，你來我往、唇槍舌劍，還大打出手。就這樣，顏龍因此跟白光結下情緣，最後還結了婚，而且一直陪伴她照顧她，直到走完最後一程人生路。

由於白光退隱的早，因此，只要有她出現的演出，必定是一位難求。在馬來西亞時，白光的魅力讓秀場盛況空前，不要說樓上樓下全滿，連樓梯都擠滿人。而民國六十六年（一九七七年）首次來台灣的演唱會也是如此，她的歌迷擠爆歌廳，從樓上一直排到樓下，締造了瘋狂賣座的記錄。後來，有一位叫倪有純的女作家跟我提及想寫白光的傳記，我就介紹她到白光在吉隆坡的家裡住了一個禮拜，專門做訪問，最後還真的出了名為《影壇一代妖姬：白光傳奇》的傳記書。

白光如果到台灣來，我一定會找時間去看她。我們最後一次見面時，她因為罹癌，身上裝了導尿管。對大明星來說，讓人看到生病的樣子，實在是心裡很難過的一關，因此她特地穿外套遮住，努力讓我看到最好的樣子，但是她也一直感嘆身體很差，大概沒法再來了。果然，她回吉隆坡後，不久就過世了。她走了以後，我專程去祭拜；後來去吉隆坡演唱時，顏龍還特地來接我。想想人到生命的最後一刻時，還能有一個真心的人相伴，也是福分吧。

丁珮與何莉莉：有戲緣無情緣

丁珮是外省人，聽說家世相當顯赫。我們在拍攝《青春萬歲》時認識，她是女主角。當時我眼中的她，就是一位個性豪爽，甚至有點潑辣的女孩。記得片中有一幕場景，是要她拿小型看板去打日籍臨時演員。武打戲的動作應該是要作假，誰知道她居然真的打下去，害得對方哇哇大叫，直喊：「好痛！真的好痛！」不過，後來因為李小龍死在她的家中，而使她演藝事業毀於一旦。種種負面傳聞跟對她的指責不斷，這些打擊讓她有好長的時間過得相當坎坷，害死李小龍的惡名揮之不去，纏擾了她幾十年。

我重返出道的日本拍片，心情既開心又感慨，很複雜的滋味。不過，拍《青春萬歲》的時候滿辛苦的，因為井上導演秉持「不超支與觀眾至上」的原則，因此現場並沒有聘請口譯，一切都要靠我來協助導演和演員溝通。以前李湄這類大明星來日本拍戲，有身為大學生的我擔任翻譯與助理，她只要專心拍戲就好。現在我自己也是一線大明星，卻要同時身兼演員跟翻譯，可能是史上最忙的男主角吧！女主角丁珮不懂日語，有一場是我跟她在歌舞場面對戲，但她一直慢一拍，最後導演很生氣，用日語把我們兩人痛罵一頓，因為這樣子畫面不好看。丁珮聽不懂也就算了，可是怎麼連我也罵啊？犯錯的人可不是我呀！但是放眼望去，整個劇組只有我聽得懂，結果感覺上反而好像只有我被罵。

《青春萬歲》在《大盜歌王》上映前就殺青了，時間大約在農曆年前。拍完這部片沒多久，片中主要演員還到新加坡邵逸夫先生的家中去拜年。邵先生的家很大，過年時來訪的政商賓客如流水一般，這就是女明星們大賺紅包的時候了。過年嘛，她們嘴巴都很甜，只要對這些大人物、大老闆說一些恭賀新禧的吉祥話，就會拿到紅包。雙方皆大歡喜，也是討個新年吉利好彩頭。不過，我們男明星就沒有這種福利。

過完年之後，邵氏公司再次安排我與何莉莉合作演出愛情歌舞片《椰林春戀》。片中我飾演富商之子，出國留學時違背父命改讀聲樂，因此在片中又唱了不少歌。這部片的監製是蔡瀾，導演則是日本人，叫做島耕二，他的中文藝名是「史馬山」，人挺和氣，前妻是出身寶塚歌劇團的娘役明星轟夕起子。《椰林春戀》主打南洋風光，沒有廠景，全在馬來西亞拍攝。取景遍及檳城、吉隆坡、怡保及麻六甲等地，連馬來人的婚禮都入了戲。片中何莉莉甚至穿上性感泳衣戲水，是非常熱情的一部片。東南亞天氣比較熱，有一天收工之後，我們一群男演員就跑到海邊去玩，因為沒有女性在，我們便脫光了跳到海裡去游泳，連導演都被蔡瀾先生拉下海。玩夠了，準備起身回飯店時，突然發現夜幕下大家的身上居然閃爍著螢火蟲般的光，一顆顆小小的微生物體披滿全身，點點的藍光，伸手去抓，就像粉末那樣，一到手上，很快就黯淡下來。我們好興奮，回頭一看，海灘上居然像鋪了條銀藍色的毯子，原來是海浪的餘波，好美麗好夢幻。而身上的藍光則隨著我們的腳步，邊走邊掉，好像一路撒下的細碎藍寶石，真是難忘的美景。後來問當地人，才知道那是一種夜光蟲，叫藍眼淚。那種美麗啊，到現在想起來都還記憶深刻。當時到外國旅遊並不是太容易，我因為拍這部片而到過好幾個馬來西亞的著名城市，又看到這種五星級的旅遊景觀，真的可以算是拍這部片的bonus。

我在邵氏一共拍了三部片，其中《大盜歌王》與《椰林春戀》都是跟何莉莉一起主演。何莉莉當時紅透半個亞洲，前去馬國拍《椰林春戀》時，更是轟動當地，下榻的旅館門外擠得水洩不通，只好出動當地警察，不然根本走不進去。由於影迷不肯退讓半步，警察迫不得已只好用槍柄撞開人群來開路。儘管如此，粉絲的熱情還是讓人寸步難行。

林沖拍攝《椰林春戀》時與何莉莉合影。
圖片來源：林沖／提供

這位邵氏最亮眼、人氣最旺的首席女明星很迷人，平常不化妝也非常漂亮。當時想親近她的人非常多，但是都被擋住了，因為她身旁永遠跟著最強經紀人——何媽媽。這位星媽可是集經紀人、宣傳、保姆於一身，管女兒管得很緊，到哪裡都跟著，而且一直瞪著眼，看起來很兇，就像什麼都要管的訓導主任。她會干涉劇本，又特別不喜歡女兒拍吻戲。張徹導演向來對工作人員極為嚴格，是位少一個小道具都會甩劇本發脾氣，大吼「不拍！」而讓演員空等一整天的強勢導演。結果，連張徹這樣強勢的導演都拿何媽媽一點辦法也沒有。沒有何媽媽的許可，莉莉就不能動。

《大盜歌王》的最後有一場吻戲，導演堅持一定要拍，但何媽媽怎樣都不肯讓步。最後，張徹請副導演午馬設法將何媽媽哄騙出片場，把握時間趕緊拍完。我在日本演吻戲時通常都是借位，但是何莉莉非常敬業，不但是演真的，而且還照著劇情深吻，讓我大吃一驚！我才深刻感受到，原來演戲可不是那麼簡單的事，有時候還是得真情投入。想到居然能與何莉莉拍真正的吻戲，我心頭可是小鹿亂

《大盜歌王》中林沖與何莉莉的吻戲十分迷人，但背後拍攝過程可謂一波三折。
圖片來源：林沖／提供

撞，緊張得很。不過，當時時間緊迫，又不知道何媽媽何時會衝進來，眼見機不可失，我也無暇亂想，立刻認真投入。大家把握有限時間，一次就ＯＫ，讓導演非常滿意。幸好戲演完，星媽才進來，讓眾人都鬆了一口氣。

就在我跟何莉莉比較熟稔，想要多接近她的時候，才知道她已經有男朋友了。這位先生就是她後來的老公——「香港船王」趙從衍之子「趙世光」。趙公子出手闊綽，捧女友完全不手軟，讓當紅的何莉莉擺足巨星派頭。我記得拍《大盜歌王》大約是九月至十月左右，香港天氣還沒完全冷下來，只是稍微涼一點，但是何莉莉每天都會穿不一樣的皮草到片場。當時午馬常常調侃她：「莉莉，今天好冷喔！」何莉莉就故意虛弱地說：「對呀，我感冒。」

何莉莉身上每日一換的皮草，讓第一次拍港片的我好生羨慕，以為香港的大牌明星都像她一樣。後來才知道，原來這都是她的富豪男友買單。演員是專業人士，即使大明星酬勞很高，但是敬業的人花費在各種治裝學習的支出也不少，是不可能輕易發大財的。

人生的舞台不像表演舞台那樣閃亮歡樂，會有黑暗，有寒心，但也有愛情與友誼，就像氣候，有時烏雲密布，滂沱大雨，但也有溫暖太陽的晴天。回顧自己的一生，我很欣慰，我在人生舞台上，雖然不是鑽石歌王，但我總是盡全力，唱好每一首歌！

人物小知識

小林千登勢

日本女演員。一九五八年與NHK締結專屬契約，和馬渕晴子、富士眞奈美並列為「NHK三人娘」，為該台當家花旦之一，亦為電視剛開始發展時的明星，以大而圓的雙眼、清純的美貌以及爽朗不做作的個性而聞名。一九六五年與演員山本耕一結婚，婚後仍活躍於電視圈主持節目，也在演藝工作之餘發表隨筆散文與童話故事。

丁好

電影女演員，原本是白光的助理，後受到其提拔，與白光、喬宏合演電影《接財神》（1959），不過後來因為白光自創電影公司失敗，丁好便投身邵氏，在李湄主演的《女大十八變》（1958）、林翠主演的《千金小姐》（1959）與葛蘭主演的《六月新娘》（1960）等片擔任配角，但之後沒有進一步的發展，便漸漸淡出影壇。

喬宏

香港知名演員，父親喬義生為國民黨元老。一九四九年喬宏曾在台灣參演由張徹執導的電影《阿里山風雲》，後來受到知名女星白光提拔，演出《鮮牡丹》（1956）一片而成名，因其俊朗外表及健碩身型而有「雄獅」和「鐵公子」的外號。代表作有《西太后與珍妃》（1964）、《董夫人》（1970）與《俠女》（1970）等，其妻為外號「小金子」，以香港談話性節目《喜樂婆婆會客室》聞名的影星劉彥平。

陸運濤

電影製片者，「電懋」創辦人，為馬來西亞著名華商陸佑之子。在一九四〇年代至六〇年代活躍於香港電影界。一九六四年來台參加亞洲影展，因飛機失事逝於台中。

蔡瀾

港澳知名作家、美食家與電視製片人，與金庸、倪匡和黃霑被譽為「香港四大才子」。他曾在邵氏擔任製作經理，也在嘉禾出任過電影製作部副總裁，交遊甚廣，經常撰寫專欄與主持節目，復於九〇年代後進軍飲食業及旅遊業，至今仍活躍於港澳各大媒體上。

島耕二

日本導演，本名鹿兒島武彥，為日本映画俳優學校第一屆畢業生。一九二五年以演員身分加入日活，一九三九年以《雲雀》一片轉向擔任電影導演，隨著《風之又三郎》（風の又三郎，1940）、《次郎物語》（1941）等文藝片的發表，奠定其導演名聲。二戰後作品多以娛樂商業片為主，代表作品有《金色夜叉》（1954）等。一九六九年開始以史馬山之名，為邵氏執導懸疑片如《裸屍痕》（1969）、歌舞片《椰林春戀》（1969）等。其妻為寶塚歌劇團出身的娘役明星轟夕起子（二一期生）。

午馬

香港演員及電影導演，本名馮宏源，於一九六三年進入邵氏，演出《花木蘭》（1965）一片而成名。午馬曾獲得知名導演張徹和胡金銓之指導，後來也開始自己執導電影。一九八七年以電影《倩女幽魂》中燕赤霞一角獲得金馬獎最佳男配角獎。

第六章

只要活著，我就會一直唱下去

廖小姐，我的至愛

我處身的演藝圈是個五光十色的世界，但是，我銀幕下的感情生活其實很單純，完全沒辦法像《椰林春戀》中的平建人那般周旋在眾多女子之間。記得我剛出道時，日本經紀人就一直耳提面命：為了演藝事業的前途著想，感情要低調，絕不可公開，更不能結婚。這個提醒我謹記在心。當時事業剛起步，各種可能影響星途的因素，我都能避就避。由於我太熱愛舞台跟表演，心思幾乎都放在工作上，很容易忽略身邊的女性，這使我成為沒什麼緋聞的明星。後來，我雖然離開日本轉移到香港發展，但我在感情的處理上仍然是低調以對，由於我不願意公開戀情，這樣的委屈對方無法接受，我因此失去了一段剛萌芽的戀情。

「不能公開交往」，好像是當時演藝圈的潛規則，因為一旦明星被發現有了戀情，往往聲勢就會暴跌，這實在是非常無奈的事。這不僅對明星背後的那個有情人很不公平，也讓戀情很難維持，需要雙方有極大的共識跟信任才走得下去。不過，我後來在香港時還是認識了一位廖小姐。她的真心打動我，自此成為我人生中最重要的伴侶。

廖小姐是我的頭號粉絲，一直對我非常支持；我離開邵氏單飛後，她更當起我的經紀

由於廖小姐的遠見，林沖在台北不但有個舒適的安身之所，大廈頂樓更是他盡情施展綠手指的祕密花園。
圖片來源：林沖／提供

人，替我管理合約、打點身旁大小事務，全心全意協助我發展事業。廖小姐非常能幹，她相當了解演藝圈的生態環境，盡力維持我的明星形象。她不爭名分，對外她總說是我的助理或秘書。我登台表演若沒主持人，她也能打扮得漂漂亮亮，上台當司儀，還自稱是我姐姐。

由於廖小姐口才極佳，手腕也好，談起生意來很有一套。她不但能把東南亞的秀場老闆們哄得服服貼貼，還替我打造出高身價的演出行情。因為她實在太精明，每次簽完約唱完歌，那些跟她交手過的老闆一看到她來，就急著快閃，怕又被她拉去談下一場價碼更高的表演。

廖小姐除了協助我的工作，她也一肩挑起所有家務，無微不至地照顧我。早上我起床，到浴室準備梳洗時，牙膏已經擠好，漱口水也倒好。梳洗完畢，要喝的咖啡已熱騰騰地擺上桌。我晚上回到家，馬上有熱毛巾可以擦臉，洗澡的熱水也都準備妥當。她的細心體貼可不是三、五年，而是十幾年來如一日。除了打點我的生活起居，她也建議我預先做點事業規畫，因為明星光環不可能一輩子，要未雨綢繆，甚至在老之前就要想想中老年時轉業的問題。她相當務實，什麼都替我想到了，連我現在住的這間房子，也是用當年的收入買下的。

當然，人無十全十美。因為我的工作屬性跟家庭背景的緣故，不能與她公開交往，使得她對我們的關係相當沒有安全感。我們在一起後，她總是百般阻撓我的社交生活，想要獨占我的一切。她不喜歡我跟家人或朋友來往，導致我跟我的親友最後變得疏離。為了這些事情我們常吵架，我也不開心。畢竟，人除了伴侶，還是需要朋友跟親情。不過，我也能理解她只能隱藏在我背後的委屈，還有她深深的不安全感，因此，我們總是吵吵就過了。我念在她有百件好，人際關係這一件，我想也就讓步隨她吧。

我原本以為，我可以一直安心窩在她一手打理的舒適世界裡，享受她無微不至的照顧到老。不料，天有不測風雲，我這段關係還是太早走到緣盡分離的那一天。當時，我在「鳳凰歌廳」駐唱，兩場表演的間隔時間大概只有幾小時。通常我都會待在歌廳用餐，跟大家聊聊，等演唱完再回家。但是那天表演時，我心裡怪怪的，也不知道為什麼，突然想到屋頂花園種的蘭花跟孤挺花似乎應該要澆水施肥了。由於離下一場演出還有三小時的空檔，我決定先回家去。然而，我怎麼也沒想到，一打開門，竟發現廖小姐昏倒在地上，桌上還放著剛從超市買回來的晚餐食材。我嚇壞了，趕緊叫救護車送她到國泰醫院去急救。

整個事情發生得太突然，我完全措手不及。只是，後來想想，徵兆當天早上就隱隱出現了，只是我們都太大意。那天我要出門前，見她好像人不太舒服，還先開車送她到醫院去看診。醫生是我的妹夫，檢查完之後，提醒我要小心，因為她有些血管方面的問題，有中風的危險，建議她要多休息。檢查完之後，她的狀況似乎還好，我就先趕到歌廳去演出了。說也奇怪，我怎會突然想到該回家去澆花施肥呢？這或許是她在冥冥中呼喚我吧。

三天後，她因腦溢血離世，連再見都沒說就走了。我與她在一起總共只有短短十幾年。我突然想到，她之所以不喜歡我跟親友相聚，總是想獨占我，想擁有我工作之外僅餘的那一點點時間，是不是冥冥中已知我們的緣分就只有這樣短？她才因此那麼激烈地想緊緊抓住她能得到的每一分鐘呢？

一曲悠揚的雙人舞就這樣忽地嘎然而止。

屋子裡的燈暗了。但她的鬼魂沒有出現。

廖小姐走了以後，我整個人好像沒了電，生活就像突然停擺的鐘，時間凝結在那個時刻。我魂魄不全地自己打點生活跟事業，還要排解這個突然發生的意外造成的情緒打擊，以至於我連最愛的演藝事業也提不勁來。為了重新安排自己的人生，也為了暫時離開這個傷心地，我決定回到日本去，離開舞台，轉換跑道，跟我弟弟一起做起旅遊相關的生意。

雖說是新生活，卻總是常讓我想起當年剛到日本時的日子。那時，為了照顧弟妹，我

林沖攝於東京新宿御苑的知名景點「台灣閣」前。「台灣閣」由當時台灣總督府的建築技師森山松之助設計，是一座採用台灣傳統建築風格的涼亭，也是台灣人民送給皇太子裕仁親王（之後的昭和天皇）的結婚賀禮，於1927年落成。森山在台灣設計及監造多項重要官舍，包括總督府（今總統府）、專賣局（今台灣菸酒公司）、台北州廳（今監察院）、台南州廳（今國立台灣文學館）等，被喻為台灣日治時期公共建築最重要的推手。

林沖於1960年代日本新年之際至明治神宮參拜。
圖片來源：林沖／提供

一邊在旅行社打工，一邊等待演出的機會，之後走紅成名。這二十多年來，我的人生宛如跑馬燈般地快轉，總是不停歇。影、歌、舞三棲、紅遍東南亞、找到賢慧的伴侶……二、三十年就這樣閃亮亮地過去了，恍如一眨眼。現在我又回到日本，過著我未成名前的生活：做生意、當導遊、賣紀念品。不同的是，我不再有當年的渴望。

我自幼便極愛絢爛舞台、燈光音樂，我愛表演，從不知疲累為何物，更不用說什麼職業倦怠。但是，出道數十年，我第一次發現表演的欲望從我的生命中悄悄退場，隱身於我無暇關照的角落。我意志消沉，對演藝圈心灰意冷，麥克風、鎂光燈都與我漸行漸遠。那個我曾經熟悉的演藝世界，此時遙遠如夢境。

隨著時間慢慢過去，我對廖小姐的傷心逐漸平復。我也不是沒有想過要再尋找合適的交往對象，但是總會不自覺地想起她、思念她。即使有了對象也不免跟她比較，我才知道我這輩子再也找不到能取代她的人了。儘管我在日本過得還算安穩，與弟弟一起，生活也不孤單，但我卻覺得內心空洞。我失去的不只是她一人，舞台、花束、掌聲、活力都跟著消逝得無影無蹤。我看不見前方有路，也看不見光。我像是一條困在井裡的魚，水一天一天乾涸，我泅游的空間也越來越小。

我和弟弟的生意還不錯，我過著低調而平淡的生活。林沖不再是秀場紅牌的「鑽石歌王」，只是個平凡喪志的小生意人。

時常，無意間，我會問自己：「沒有舞台的林沖，還是林沖嗎？」

一生一次的反派角色

廖小姐走後，我這一退隱，竟也快八年了。這麼長的時間都不曾表演，也沒有上台的欲望。我想我大概已經耗盡這輩子的表演熱情了。

有一天，碰巧遇到一位香港的電影導演黃國權。他看到我很高興地對我說：「林沖啊，什麼時候要回來拍片呢？你現在這樣子實在太可惜了，我們都在等你呀！」當然，淡出這八年之間也不是完全沒有邀約上門，只是我意興闌珊都推掉了。然而，表演終究是我的天命，我存在的目的。雖然我因為意志消沉而寂隱了好久，被悲傷覆蓋的熱情並未窒息，它有著超級強韌的生命力，蓄勢待發，一待時機來到，立即被點燃爆發。

也許是時候到了吧，這個邀約讓我十分心動，內心似乎有一股莫名的電流，像是開關被打開了。想再演戲的衝動讓我沒怎麼仔細考慮，我甚至忘了要先問角色，就直接答應了下來。

導演一聽我表示可以復出參加演出，非常高興。他立刻要我在回香港之前先把鬍子給留起來，因為這一次的角色造型需要，我必須預先準備。這個要求讓我嚇了一跳。我的銀幕形象一直都是走文雅風格路線，臉上總是乾乾淨淨的，留鬍子的個性小生並不是我的型，是個不小的改變。此外，就私生活經驗來說，我也從沒留過鬍子。我心想，一復出就要這麼顛覆嗎？不過，也許是心境上有所轉變，既然沉寂多年再復出，那麼，試試新造型也不錯。

一拿到電影劇本，我更吃驚了。在這片中，我所飾演的角色是一名威風凜凜的日本黑社會老大，一個大反派！天啊，這挑戰也實在太大了吧。我會不會顛覆過頭了？我一直很注重我的形象，當初正是因不想接演反派的黑道角色，才沒在東映出道啊。現在，我已經紅過半個亞洲了，卻陰差陽錯地回過頭來飾演暴力組老大，這真是我從影以來最大尺度的突破了。不過，既然已經答應了，就得好好演出。由於這種角色跟我的生活經驗幾乎八竿子打不著邊，為了揣摩好角色的心境、態度與舉手投足的架式，我下了不少功夫。

那部片子是香港跟大陸合作的，由馬可孛羅電影出品，黃少俊監製，片名是《中國女公安》，在大陸則以《女子公安》的片名上映。女主角是雪梨，其他演員還有香港黑社會電影的「三威」——沈威、林威跟狄威，以及以奸角知名的龍方。劇組還到昆明與日本拍外景。這是我第一次到大陸拍戲，感覺很新鮮，可是我總覺得鬍子造型很不適合我，因此拍片時，感覺不是太愉快。直到定裝照出來之後，旁人不但稱讚有加，還說像是外國的電影明星。由於大家都說帥氣有型，我雖然還是不習慣，但是也就慢慢釋懷，逐漸接受了。

這部片我至今仍沒有機會看到過。不過，這次的復出演出，對我來說意義很重大，可說是一個全新的開始。因為個性的關係，我很少跨出熟悉的舒適圈，更不用說去做什麼大膽冒險之舉。但是，因這個全新挑戰的結果還算不錯，我也就慢慢地開放心胸去接受一個

由於復出後的第一個角色，與自己以往的生活經驗截然不同，林沖花費許多心力去揣摩黑社會老大這個角色的心境、態度與架式，務求舉手投足間都能呈現氣勢。
圖片來源：林沖／提供

「完全不一樣」的自己，對於新嘗試也比較不排斥。當然，我當時並不知道，這個小小的開放，竟然是通往另一條嶄新道路的起點。

舞台情未了

戲殺青後，體內那個喜歡表演，熱愛舞台的靈魂好像突然又甦醒了。剛好就在隔年（一九九四年），華風文化的總監劉國煒先生在台北國際會議中心舉辦一個名為「老歌情未了」的懷念金曲演唱會，盛情邀我回台演出。這是我沉寂多年之後再次站上舞台，自然興奮莫名。那次參加的藝人非常多，有蔣光超、張琍敏、王秀如、楊小萍、徐瑋等。看到許多老朋友，我很開心。啊！久違的掌聲和觀眾熱情的歡呼！在台北，我的舞台魂整個又活了過來了，我恨不得馬上復出。只是那時候日本的生意還在，沒辦法說復出就復出。因此，我雖然聽到心底渴望的呼喊，但是，現實上來說，生活要重整的工程太大，所以演出結束後，我還是就回日本去了。

這兩次的演出，可以算是我復出的宣告，體內表演欲望火苗一旦被點著，自然再滅不了。自此，我又漸漸地回到螢光幕前。一九九五年時，黃蘭邀請我參與她為女兒黃蕾製作的MV，還安排我們去北京電視台上春節聯歡晚會。那是我第一次上大陸的節目。不過，拍這部MV時，出了點意外——我不慎從馬背上摔下來，傷到了脊椎。當時只覺得疼痛，並沒有意識到這一摔的嚴重性。由於我並不是像劉德華或林志玲摔下馬後，重傷到得立刻送醫院躺好幾個月，在日本養成的工作敬業精神，讓我忍著痛繼續把拍攝工作完成。當然，我自己也很擔心傷勢，所以去了台大骨科讓韓毅雄醫師治療幾個月，一直未痊癒。我回到日本之後，有人介紹我到山上的療養所，去試試日本的傳統整復療法。然而，每次往返的交通實在太耗時，幾次之後，我就放棄了。我在倫敦當醫生的外甥女得知我的狀況之後，很熱心地在倫敦幫我找了骨科醫師，要我到英國去接受治療。就這樣，我又去英國待了幾個月才回來。那時沒有健保，就為了這個摔馬的傷勢，我從台北到日本又到倫敦，時間精神金錢的花費真的很可觀。

對於自己摔傷，當時以為經過治療不痛就好了，並沒有太在意。沒想到筋骨受創需要長期復健，否則會有後遺症。由於我沒有持續做復健，所以身體其實一直沒有完全復原。儘管歷經幾個月的治療，我的肢體不再那麼靈活。我最愛的舞蹈動作也無法再那麼精準到位，節奏必須略微和緩，否則動作太激烈，疼痛感立刻出現。沒想到精通舞蹈的我就因為這一摔，從此難以再隨心所欲地舞動身體了。還好我生性樂觀，並未因此就放棄舞台。儘

遇到Kevin之後，林沖不但在工作上有了助手，生活上也多了一個家人，更因Kevin信主而走進了另一個大家庭——教會。
圖片來源：林沖／提供

管身體配合度有點力不從心，我總盡量發揮專注的精神，調整身體的節奏跟動作，繼續站在舞台上表演。我只要站上舞台，燈光一亮，音樂一響，身體所有的不適與煩惱，我就通通都忘掉了。

說來奇妙，就在我開始起心動念是不是要搬回台灣時，我在日本的紀念品店也因為美金大幅升值而受到影響。這個突如其來的國際金融波動，讓我決定結束生意，搬回台灣定居。只是，一回到台灣的家，就難免觸景傷情。想到過去有廖小姐細心周全照顧，現在卻什麼都得自己來，不免悲從中來。我知道我的工作跟生活起居需要有人協助打理，我決定再找一個好助手。雖然不可能再有一個廖小姐了，不過既然命運如此，我也只好繼續振作走下去。很幸運地，我在唱片公司遇到 Kevin（吳台生）。那時是一九九六年，Kevin 在設計公司上班，跟許多唱片公司有業務合作往來，雖然不能算是真正的演藝圈業內人，不過也算熟稔這個圈子。我看這年輕人做事似乎挺可靠的，便請他當我的私人助理，兼職為我處理一些接通告、上節目之類的事宜，生活與工作也就穩定了下來。

雖然我還是熱愛舞台，也會接些演出邀約，心裡的確也想著該復出，但是我並沒有積極去尋找經紀人跟機會。我在日本與香港的經驗，讓我深深了解到若沒有碰到好的經紀人，那還不如以自由藝人的身分自己做演出決定，免得衍生許多不必要的麻煩。我告訴自己千萬不能急，反正我已經在這個圈子這麼久，也不是沒有名氣，我搬回來的消息慢慢傳開後，有意願找我合作的人自己就會上門來談。剛去日本發展時，我雖然著急，但是仍理智地沉住氣，知道不能為了搶出道而隨便接演不合適的角色。現在的我更需要愛惜羽毛，否則之前努力經營起來的形象跟地位恐怕就要被毀了。

我赴日平復心情的這八年之間，台灣社會經歷了非常戲劇性的轉變，不但從戒嚴過渡到解嚴，還開放了總統直選。政治解嚴與社會開放都直接影響到影視產業。秀場沒落了，有線電視合法，頻道分眾化，整個演藝環境受到很大的衝擊，我一時之間也需要時間來熟悉跟適應。剛好這時候，我復出的消息傳到東南亞，那邊的秀場馬上開出優渥的演出邀約。於是，我又開始當起空中飛人。雖然因為不常有演出，我在台灣的演藝圈顯得低調，不過，我在東南亞的行程與活動依然很繁忙。

意外地走上另一個舞台

儘管我的心境總是保持年輕正面，也持續保持運動習慣，但是，身體終究也會老化。藝人工作的性質讓我的飲食習慣跟生活方式都不大健康，像是吃飯沒法定時、常熬夜、抽很多煙等等。長期累積下來，健康自然受到影響。隨著年齡增長，器官開始衰退，體力不再。二〇〇一年，我因為心血管栓塞動了一次心導管手術。儘管我心裡不服輸，但還是不得不向老化低頭。那時的手術沒有現在舒適，過程真的可怕，讓我心裡留下很深的陰影。所以復原出院之後，我想既然醫生囑咐要休養，那我就跟 Kevin 出國去好好散心吧。抱著給自己放個長假的心情，我們去了義大利。

義大利是時尚藝術大國，男裝更是舉世聞名。我是這麼愛美的人，一下看到這麼多摩登精緻、設計考究、顏色搶眼的服裝飾品，只想到如果自己穿上在舞台會是多好看啊，馬上就忘了手術經歷的折磨。我甚至忘了自己是剛開過刀的人，身體本來的不適都消失了，每天就是逛街購物，一個櫥窗看過一個櫥窗，盡情選購，買到行李都爆掉了。

我們開開心心地回來，反倒是醫生嚇壞了。「真是太危險了啊！」他說。

由於醫生的囑咐，我不再強接太吃力的工作，畢竟也到了退休年齡。然而，青春之神的遠離，留下的卻是無盡的身體病痛。之前摔馬造成的脊椎受傷開始慢慢出現後遺症，脊椎錯位導致腳神經跟右腿血管的壓迫感越來越嚴重，以致於在二〇〇八年，我再度進醫院開了一次刀。心臟跟脊椎舊傷的後遺症，造成我大小病痛不斷，我的生活重心似乎也從舞台轉到

林沖是相當重視形象的藝人，對他而言，保養體態與維持精神都是本分。即使到八十歲，為了健康與形象，他仍舊不懈怠。時時讓自己保持在最佳狀況，是林沖的自我要求。
圖片來源：林沖／提供

了醫院。這也讓我意識到，我這個昭和人已是「資深」藝人，健康狀況才是我們這個階段最需要注意的事情。雖然我心理上非常不想放棄表演跟舞台，總是把握機會出來露露臉、唱唱歌，東南亞的秀約也是能去就去，但是，這也已經是我的健康所允許的極限了。

因健康考量淡出我最愛的舞台，當然是很難過的事。有一次跟老朋友「瘦皮猴」林松義吃飯，他看我空檔多了，便提議我一起到他參與的「台灣優質生命協會」當志工。這個協會是由一群退而不休、想回饋社會的資深藝人組成，其中有不少我的舊識，秘書長則是在華視台語連續劇《愛的故事》中演過我女兒的紀寶如。那時她才十幾歲，沒想到這些年過去，寶如經過大風大浪，退出演藝圈後另行開創了生命的新篇章。這個協會以宣揚生命優良

舊識陳麗卿（右）與林松義是林沖人生下半場的生活好朋友。

由於林松義的提議，林沖成了「台灣優質生命協會」的志工，開啟了他「關懷弱勢、服務耆老」的慈善人生。
圖片來源：林沖／提供

價值為宗旨，用實際的服務行動去照顧脆弱的生命，像是去探訪獨居老人或安養院長者、關懷弱勢及身心障礙孩童等。參與的藝人朋友，會帶著表演節目去探視長者，讓他們的生活增添歡樂。這麼正面又有意義的事情感動了我，我正好有時間參與，也有能力可以服務社會，很快就答應了。

藝人的生命是靠掌聲滋養的，炫麗的舞台雖然風光，風險卻也極高，因為一旦失去舞台，沒有了掌聲，很容易就會掉入空虛與失落之中。我看到不少藝人因此憂鬱度日，有些人甚至染上惡習。我很幸運，在我尚未因離開舞台感到沮喪之前，另一扇充滿意義的生命之門已經為我打開。林松義跟紀寶如邀請我擔任義工前往老人養護中心，與所內的長者歡樂互動。愛心關懷的行動不但讓我一掃情緒陰霾，也意外地讓我延續我熱愛的表演。

上帝來敲門

我本來以為，自己的人生下半場，從絢爛漸歸於平淡，大概會像許多前輩巨星一樣，過著以保養身體為主，偶而從事公益的半退休生活。畢竟，我的日曆行程表上，以前頻繁的工作邀約已經被密密麻麻的醫院門診所取代。上半場的人生再如何地風光與戲劇化，也都已經是往事。但是，奇妙人生轉折再一次出現了。

二〇〇六年某天，我從國外回來，突然發現 Kevin 不再拿香了。我自己沒有什麼強烈的宗教信仰，只是像一般的台灣人，會跟家人去廟裡拜拜，燒香求個平安。離家到日本去之後的幾十年都忙於事業，跟宗教自然更形疏離。回到台灣沒多久，我的乾媽從香港來看我，她是菲律賓華僑，相當虔誠，回去前告訴我她在行天宮許了願，拜託我以後每個月去替她還願。因此，我盡可能每個月都去燒香拜拜，Kevin 都陪我去，這算是生活中的例行公事。可是，怎麼我才出國沒多久，Kevin 就突然變了呢？這是怎麼回事啊？雖然他還是陪我去拜拜，但是，他不再拿香了。

那時，Kevin 已經陪我快十年，我們的關係像是家人一樣親近。由於我膝下無子，便認他為義子，怎麼他有重大的轉變，卻沒告訴我呢？追問之下，原來在我出國期間，他因為一個偶然的機緣，去了朋友的教會。他告訴我，他意外地領受到神的恩典，心裡原有的傷痛得到了安慰，感受到前所未有的喜樂跟平安。所以他開始到教會去聚會，已經成為基督徒。

基督徒？神？我心裡也好奇了起來。我只知道文夏因為家裡是基督徒，所以他從小就在教會唱歌；蔡瑞月老師也是基督徒，即使她遭遇那麼多的打擊，外表柔弱的她卻總是有

林沖擔任「台灣優質生命協會」志工前往老人養護中心已有多年。藉著他所熱愛的表演與中心內的長者歡樂互動。為公益服務成為他晚年的生活重心以及喜樂來源。
圖片來源：林沖／提供

著無比剛強的意志。還有優質生命協會執行長寶如也是熱忱的基督徒，一直積極地服務社會弱勢，我跟其他藝人志工常去探訪老人就是她推動的。我想起來，我也曾去過一次教會。那是在日本我人生最無助的時刻，當時弟弟住院，何應欽將軍趕緊帶我到教會去，請大家幫弟弟禱告。我並不認識基督教的這位神，但是祂似乎早已出現在我過往的人生當中。祂是誰？我好奇，受到了吸引，決定沒事時跟Kevin去教會看看。

Kevin的姐姐很早就信主，姐夫則是牧師，他們在汐止讚美浸信會聚會。在Kevin自己也認識主之後，這個原本跟家人很疏離的叛逆青年，不但回到神的大家庭之中，也跟自己的原生家庭再度親近起來，這也太奇妙了吧？所以，我有時也會跟著他去教會，教友待我如家人，聚會氣氛讓我覺得好放鬆好舒服，人數雖然不多，但很溫馨，我去教會的頻率也就多了起來。儘管我和大家相處融洽，可是我並沒有受洗成為基督徒的意願，因為我一直沒有真的感受到「神」的存在。此外，我難免也會想著，「是不是我不受洗，你們就不愛我？你們對我的好，是不是只是想要讓我受洗而已？」由於心裡深處有懷疑，因此，只要教會的兄弟姊妹一提出受洗的提議，我就不耐煩地拒絕，後來也就沒人再提了。就這樣，不知不覺地在教會進出了六七年。但我就是偏不受洗。

二〇一一年，我有了頻尿的問題，原本以為只是衰老的一般毛病。我去馬偕醫院看了醫生後，才發現我已經是攝護腺癌的第三期患者了。聽到診斷結果的那一刻，我彷彿跌進一個看不見底的黑暗深淵，巨大的恐懼幾乎要把我吞噬掉。我癱坐在椅子上，完全站不起來。為什麼是我？怎麼會是我？我已經要死了嗎？我還不老啊！

為了更精確的檢查與確定病情，我們從馬偕又轉到專精癌症的和信醫院去，做了切片，結果更不樂觀！離開醫院的路上，**Kevin** 忍不住提了要我請求上帝醫治的建議，我心裡本來就已經又害怕又焦急，一下聽到他又要我受洗，整個人突然情緒大爆發。我憤怒地打開車門，完全不顧危險地下車就走。我都要死了，怎麼還一直要我受洗。當天晚上，我卻做了個夢，夢中，我徜徉在雲海之中，感覺既平靜又舒服，我看到兩邊有巨大的白色翅膀，溫柔又安詳。我突然想到當年弟弟生病時，何應欽將軍帶我去教會請大家幫忙禱告的情景。醒來之後，我心想，也許是上帝派天使來了。這個夢點醒了我：向祂禱告，請祂救我，就像當年祂救我弟弟一樣。

我的癌症展開治療後，牧師跟教友們輪番來探訪我、鼓勵我，儘管我沒有受洗，他們還是很真誠地為我禱告。每回我在急診室醒來，第一眼看到的幾乎都是教會的兄弟姊妹。經過這一場突如其來的重病，上帝已經回應了我內心的懷疑。雖然我仍是很擔心病情，但心情卻從沒有這樣平安過。我知道祂一直存在於我的生活當中。我想起許久許久以前，我懷抱著熱魚湯去給弟弟的那個銀色的東京聖誕節，平安夜的音符隱隱約約地穿越時空來到台灣的病房，溫柔地將我環繞。原來，慈愛的神早已來到我身邊，雖然我還不認識祂。

這場演唱會，是林沖領洗後所參加的第一場公開演出。亦是他的信仰生命中非常重要的一次信心見證。
圖片來源：劉國煒／提供

自此，我把擔憂焦慮害怕都交給上帝，同時認真地聽醫生指示，咬牙接受放射線治療（俗稱「電療」）的折磨。某天晚上，我拿起電話主動打給牧師，告訴他，我想受洗了，請他為我選一個特別的日子。就這樣，在二〇一二年的復活節那天，我正式受洗成為基督徒。由於還在進行電療，我很擔心無法參加五月二十七日在國父紀念館舉辦的「群星歡唱五十年金嗓金曲演唱會」。也許是憂慮的心情影響了身體，演唱會那天早上，我突然感到巨大的疼痛。這讓我萬分驚慌，害怕我最熱愛的表演舞台也將拋棄我。情急之下，我又想到了上帝，我懇求祂減輕我的疼痛，讓我可以順利上台。在禱告中，我想到了《聖經》上的話：「喜樂的心，乃是良藥；憂傷的靈、使骨枯乾。」心頭頓時一寬，所有的擔憂恐懼都消失了。就這樣，上場前身體也不覺得痛了。當天我順利地完成表演，那是我這輩子最難忘的一次演出。

那天登台的還有「卜派歌后」蔡一紅。個性爽朗豪邁的她，勇敢地告訴觀眾，她二月時發現自己罹患鼻咽癌，已經做了七週三十五次的放射線治療，這應該是她最後一次上舞台演出了。大家都沒想到她在舞台上跟大家告別。一時間，台下熱烈的掌聲久久不歇，後台的工作人員們也都熱淚盈眶。即使生病著，她在舞台上的戰力還是非常強勁，不負「歌后」之名。而同樣抱病上台的我，看著她賣力又敬業的演出，展現樂觀積極抗癌的態度，真是又感動又難過。我突然領悟到，像我們這樣曾經非常耀眼的資深藝人，能夠帶給觀眾的不僅僅是他們所懷念的音樂旋律，還有我們積極樂觀的生命力以及對表演專業的尊重。是一種人生的態度。

做地上的鹽，歡唱到人生終點

演出結束兩個月之後，我去看治療報告，奇蹟又發生了。向來嚴肅的醫師開心地恭喜我：「癌症指數現在已經是零了。這種機率少之又少，只有百分之一呢！」聽到這個好消息，實在太讓人開心了，不過，我心裡也明白，這一切都要歸於神的大能跟教會兄弟姊妹們的禱告。

由於有了與「死」擦身而過的經驗，我的心境開放了很多。七月時還以特別演出的身分，參加了名編劇徐譽庭在台視製作的偶像劇《罪美麗》演出酒店客人一角。這個角色我本來是拒絕的，畢竟演過一次黑社會老大已經夠了，犯不著再嘗試酒店恩客這種角色。但是Kevin一直說服我克服心結，接受挑戰。我後來想想，既然撿回了生命，而且我也很久沒有演過電視劇，不妨就抱著跟年輕世代交流的心態，去認識些年輕的新朋友吧！青春的活力總是能讓人感受到生命的美好。

遠離鬼門關後，我決心開始著手規畫我的個人演唱會。雖然我作秀無數，但是在我當紅的時代，並不流行開演唱會，因此，我雖然唱了一輩子，卻從來沒有舉辦過個人演唱會。眼看著年輕歌手開了一場又一場的演唱會，我也想要好好辦一場，讓我半世紀的舞台生命有一個圓滿的句點。尤其是身體已經亮起紅燈，我深刻感受到生命的脆弱，害怕自己這輩子可能再也無法站在舞台上唱歌。因此，在醫生宣告我癌症指數歸零這個好消息後，我趕緊在中山堂排定二〇一三年十月的檔期。畢竟，我心裡仍有著恐懼，害怕來不及圓夢。

然而，二〇一三年五月底，在參加完「金曲五十年懷念金曲演唱會」後，身體狀況並不理想，我也感受到壓力有點難以承受，只得在七月時宣告暫緩個人演唱會的計畫。這是我心裡很不情願的決定。隨著年齡越大，身體越衰弱，演唱會再不趕快舉辦，只怕再也沒有機會。由於計畫生變，到了原訂舉辦的十月，我心情特別鬱悶，就跟 Kevin 一同到香港去散心。沒想到就在返台的那一天，在香港機場快線電車上，我突然陷入昏迷。Kevin 一時間驚嚇不已，趕緊給我服用隨身帶的藥品，卻都無效。由於我們都還在車上，Kevin 也束手無策，只能祈禱我可以撐到車站再將我送醫。當時車上有一群印度人，其中一人似乎有醫療背景，他看了我的狀況，趕緊遞了顆拜耳藥廠的大藥丸給 Kevin。在那個緊急的情況下，Kevin 也只好先讓我吞了。沒想到，那顆藥真的有效，症狀逐漸緩解，人也清醒了過來。大家總算鬆了一口氣。那個人在下車之前還拍拍 Kevin 的肩，說了一句祝福：

「God bless you！」

電車一到站，Kevin立刻送我到最近的醫院去。那是一家才剛開幕兩週的新醫院。原本Kevin很擔憂急診的醫療費用，但我剛好有香港身分證，所以最後只花了一百元港幣。醫生本要我住院，不過我因隔日在台北還有探訪老人的活動，堅持要當晚趕回來。醫生無奈，又怕出人命，只好要我自己簽了切結書，讓我離院。

回到台北，我的心臟仍然不對勁。我想大概是舊疾復發，隔天結束老人院的探訪後，就到新光醫院去就診。醫生安排我立刻做心導管檢查。我因為怕疼，原本堅持導管要從手部插入，但卻一直無法成功。最後只好從腳部進行，沒想到因此發現原來是腎動脈血管阻塞。安裝好支架後，醫師說還好及時發現，否則後果難以想像。對於我在香港與台灣一連幾個不可思議的「及時」，醫生也忍不住對我說：「這是上面有人在幫你。」

直到完全脫離險境的此時，我才真的徹底靜下心來，回想這短短四十個小時內的驚險。從電車上那千鈞一髮之際的貴人相救，到心導管檢查的意外發現……一陣寒意陡然湧起。我驚覺：啊！死神來過了，但上帝出手擋下了。

原來，這一切都是神的安排。如果照我原定計畫，十月舉辦演唱會，那麼，會發生什麼事呢？我不敢多想。我想起那位印度人對Kevin說的「God bless you !」，心中真是滿滿的感恩。我渾然不覺地又走過一次鬼門關，直到遠離了，才知神一直在那裡。窗外，是我最熟悉的台北；病房外，是我親愛的教會手足。原來，每個環節都是恩典。

暫緩的個人演唱會，終於在二〇一六年實現了！在華風文化劉國煒先生的大力協助下，我在中山堂舉辦了「鑽石亮晶晶——林沖演唱會」。半世紀後，再回到中山堂，我忍不住回想起學生時代跟蔡瑞月老師在這裡公演的情景。當初以本國極少見的男舞者身分，在此處風光登場的我，現在已經無法再跳舞了。儘管如此，我還是那個熱愛舞台的我。我這個大盜歌王，現在搶的已不是鑽石，而是寶貴的歲月。雖然青春已經不在，但是我依然要用我的毅力，推開時間老人站上舞台。我堅信，人活著，就要活得精采。我只要能夠一直做自己喜歡的事，還能做出一點成績來，這一生就沒有白活！就這樣，忍著身體的疼痛，我獨自完成了長達九十分鐘的演唱會。我對表演的熱情沒有因為年歲病痛而有一絲一毫的冷卻。站在中山堂的舞台上，我還是那個在教室黑板上寫下「林沖」的高中生！如同那首知名的歌曲〈一直唱下去〉（歌いつづけて）的歌詞：「只要活著，我就會一直唱下去／這是我生存的證明」。站在我深愛的舞台上，我感受到我曾經的初心湧現，讓我每個細胞都充滿了活力。我多願意在舞台上歡唱，直到人生的終點啊！

現在想想，雖然我直到晚年才真的接觸到信仰並且認識主，可是上帝從我年輕時就一直在引領我，庇護我，只是我以前都不明白。我雖然跟所有認真的專業藝人一樣努力，但

林沖在人生的終點將近時，挑戰一場長達九十分鐘的個人演唱會，創下本國演唱會史上的紀錄。

圖片來源：劉國煒／提供

是，我比許多人有更好的「時機（timing）」，更多的幸運。現在回顧，當然這些都是事後之明。不過從我在台灣出道開始，我走在演藝這條路上的時間點似乎就都是那麼剛好，都是just in time。我的出道，是因為政府的文宣片需要具有現代感氣質的台灣人，得以雀屏中選，還演了重要角色。之後，日本流行香港熱跟混血兒外貌的明星時，我又剛好在日本發展，因此可以快速走紅。到了香港，正當前景如日中天時，又意外地趕在歌舞片沒落之前離開電影產業。在我選擇單飛之後，恰巧趕上東南亞的經濟繁榮期。這些實在不能只歸因於我的運氣好，而是冥冥中有大能在引領我。

回顧一生，

2016年12月，北部流行音樂中心（北流中心）為「流行音樂文化館常設展」的先期規畫構想策畫了「歌。時代與記憶」展。本土兩位基督徒歌王文夏與林沖皆應邀出席。

上：林沖與文夏在展覽會場。

下：林沖在照片中找到他參加的電視節目《群星會》第1000集。

圖片來源：劉國煒／提供

在東南亞人氣很高的林沖與馬來西亞電台著名DJ梁金龍合影。梁金龍在馬來西亞電台主持以華語經典歌曲為主的全國性歌唱節目《醉愛經典》，非常受歡迎。
圖片來源：劉國煒／攝

一直希望能回家鄉台南舉辦一場演唱會的林沖，在2019年時受台南市文化局之邀，出席了在鹽水永成戲院舉辦的音樂會「寶島歌人會」，受到鄉親歌迷的熱烈歡迎，也小小地了卻回家鄉的心願。
圖片來源：林沖／提供

我很感謝上帝的帶領，讓我走上了新的生命之路。在優質生命協會擔任義工，我的生命因為付出而更加豐富。每個月到安養院探訪老人，用我最拿手的歌唱來為他們的生活增添喜樂，是我最快樂的時光。音樂就是最好的情緒治療，老人們都認識我，我去探訪總讓他們特別開心。他們給我熱烈的掌聲，而我則以滿滿的熱情來回報，互相支持，彼此滋養。我雖然已經不再有鑽石歌王的榮耀與光環，但是能夠成為《聖經》裡所說的「地上的鹽」，用我的歌聲慰藉養老院的老人們，給我莫大的快樂。

人的盡頭，是神的起頭。從「鑽石歌王」到「地上的鹽」，我經歷的都是神的恩典。施比受更有福！我奉獻時間，把歡樂帶給需要安慰的人，自己也感到生命更加充實。我向病者分享抗癌的經驗，自己也得到更大的信心。我參與教會服事，見證神在我身上行的奇蹟，甘心做「神的僕人」，因此更加感受到蒙神眷顧的喜悅。我的前半生因為舞台而精采，我感謝家人、廖小姐、Kevin、寶如、國煒以及無數歌迷與幫助我的人，讓我生活與事業順遂。我的後半生，因為信仰與奉獻而充實，我感謝神對我如此厚待。回顧一生，我深深體會，我之所以是鑽石歌王，是因為神為我在人生裡搭建了光芒永遠璀璨的舞台。「鑽石鑽石亮晶晶，好像天上摘下的星。」原來，我就是天上的星星！只要神持續保守，就算最後台下只剩一位聽眾，我還是會賣力演唱，一直唱下去！

人物小知識

雪梨

香港演員，原名嚴慧明，與四姊米雪同時活躍在香港演藝圈。幼年曾擔任童星，一九七九年後參與多部電視劇、電影與舞台劇的演出。而她在一九九五年版《神鵰俠侶》中飾演李莫愁一角的傑出表現，更為人稱讚不已。

三威

指香港黑社會電影中以反派角色活躍的三位男演員：集導演、編劇及演員於一身，曾獲香港電影金像獎最佳男配角的沈威，身手矯健、常與成龍一同演出動作片的林威，還有來自台灣，由港星狄龍命名後星運大開，後成為楊紫瓊師傅的狄威。

龍方

本名李健民，為台灣出身的香港電影演員。他於一九七〇年代出道，但因星路不順而一度轉行至商界發展，後獲得導演王晶提拔而再度回到演藝圈，並以電影《賭神》中的反派高義和《賭俠2之上海灘賭聖》的黃金貴打出名號。二〇〇八年因肺癌去世。

蔣光超

演員與主持人，本名蔣德。少時曾學習京劇，一九五一年在移居香港後於電影界出道，加入邵氏，演出多部知名電影如《十三太保》（1951）、《不了情》（1961）、《藍與黑》（1966）等。之後加入電懋，開始演喜劇片，以詼星形象廣為人知。一九六九年來台發展，主持過綜藝節目，也演出多部電視劇，而華視一九七四年賣座電視劇《包青天》的主題曲亦為蔣光超所唱。

張琍敏

台灣歌手、演員與節目主持人。從中國文化學院（今中國文化大學）戲劇專科畢業後進入中視，一九七一年於中視連續劇《長白山上》演配角，亮麗外型受到矚目；隔年又演出中視連續劇《家有嬌妻》，創下高收視率，自身也因飾演劇中的迷糊太太而博得「小迷糊」封號，因此爆紅。此後橫跨劇、歌、主持，一九七七年跳槽到台視，主要朝歌唱與主持發展，一九八六年因結婚淡出演藝界。

王秀如

台語歌手。由於歌唱技巧深受知名台語歌星、南星唱片創辦人郭一男的賞識，便在南星唱片灌錄了〈台北迎城隍〉、〈思戀的故鄉〉、〈賣花女之戀〉等歌曲，而〈台北迎城隍〉更讓王秀如走紅台語歌壇，不僅接到諸多唱片公司的錄音邀約，也曾至台視知名歌唱節目《群星會》表演，並於全台歌廳、夜總會與飯店駐唱。

楊小萍

台語歌手，本名楊秀華。一九六一年考上「藍天康樂隊」，與白嘉莉、冉肖玲等明星同期，因能歌善舞脫穎而出。之後她曾自組舞蹈團，也拍過數部電影，還結了婚，但僅僅三年就以離婚收場。離婚後楊小萍專心發展歌唱，以帶有鼻音的低沉嗓音走紅歌壇，其代表歌曲有〈夢醒不了情〉、〈對你懷念特別多〉、〈今夜雨濛濛〉等。

徐瑋

台灣歌手，本名侯延平。十六歲時參加台視歌唱比賽奪冠而出道，推出首張專輯《那個女孩》，以清秀外貌和清亮嗓音建立「學生王子」形象。接著又和林青霞拍攝電影《晨霧》（1978）。當完兵後更以一曲〈想不盡的妳〉，迅速攻占國內多部排行榜冠軍，奠定歌壇地位。極盛時期發行過四十七張專輯，為影、視、歌三棲型的藝人，為一九八〇年代知名偶像。一九九七年在演藝生涯巔峰之際毅然決定移民加拿大，從歌壇急流勇退。

黃蘭

本名黃祖農，曾至香港發展，因搶眼外型與身材，被定義為豔星。後其主演的《風流怪事》（1974）創下百萬票房，轟動港台，卻也因此被新聞局盯上，於一九七五年回台後被限制出境。之後星路不順，甚至被迫剃光頭髮，假裝落髮為尼而引發軒然大波，遭三家電視台禁止演出。後至中國發展，並於一九八九年出版回憶錄《愛與淚》。

紀寶如

一九七〇年代活躍的台灣女藝人，童星出身，五歲開始演戲，十九歲時退出演藝圈，現任社團法人台灣優質生命協會秘書長。其妹為台灣歌仔戲演員紀麗如。

林松義

台灣歌手，十六歲即出道，人稱「瘦皮猴」。早年參加「萬紫千紅歌舞團」學習歌舞，後活躍於廣播電台、電視與秀場。他能歌善舞，又具有編寫的才華，甚至一度自創歌舞團與合唱團，巡迴國內外演出，被視為全方位藝人。

蔡一紅

台灣女歌手，因歌聲渾厚，而有「卜派歌后」的稱號。中學畢業後，曾向音樂家吳晉淮學習歌唱技巧，一九六二年考入藝霞歌舞團，跟團巡迴演出。後經由藝人魏少朋發掘，於一九六七年演唱台視台語連續劇《冰點》主題曲，進而走紅歌壇，成為歌唱節目《群星會》的常客，並灌錄多張國台語專輯，也常在台北各大夜總會駐唱。惜於二〇一二年發現鼻咽癌，在二〇一五年過世。

附錄一

林沖與邵氏歌舞片的轉型

梁雨歆

邵氏兄弟的國語歌舞片到了一九六〇年代後期，開始有了十分不同的樣貌。新的歌舞片融合了其他類型電影的特色，尤其是動作片及間諜片這些較為陽剛的類型。影片的劇情也不再是像前期以女性角色為主的通俗劇一般，是以浪漫愛情故事作為主軸。新型歌舞片改為強調男明星所扮演的角色而非女性。這個類型上的轉變，主要是從舊的類型中提供觀眾新的觀影樂趣，進而吸引新的觀眾群。

張徹執導的《大盜歌王》是邵氏新歌舞片類型中十分突出的一部。影片開頭的一組鏡頭就非常具有象徵性，它展現男主角同時身為大盜及歌手的雙重身分，融合了警匪片及歌舞片的元素，鮮明地為邵氏的新型歌舞片定調。電影開始於一位身著黑衣的大盜跳入電影畫面中，音軌並搭配輕音樂作為背景。接下來的幾個鏡頭拍攝大盜偷偷潛入屋內，營造間諜片中常見的懸疑氛圍。當大盜得手離開，鏡頭馬上切換到林沖飾演的角色——潘——轉過身面對鏡頭高歌。潘身穿海盜裝，站在有海盜旗在船桅上飄揚的船上表演，如同奇幻片中的場景。當潘歌唱時，鏡頭拉近並透過不同角度拍攝他的臉，他的影像也透過分割畫面來展現。在陶秦執導的《花團錦簇》中，這類分割畫面是用來展演女性角色的多才多藝及曼妙身影。《大盜歌王》承襲了歌舞片的鏡頭風格，但主體已經變為擁有矯健身手及動人歌喉的男性主角。這個開場片段點明了邵氏的「新」歌舞片與過往的歌舞片大相逕庭。

邵氏新歌舞片的劇情，因此也改由男性明星扮演推進劇情發展的主要角色。在先前邵氏的歌舞片中，女性主角通常是解決戀人衝突的要角。例如《花團錦簇》中，葉德梅使自己轉變為新時代的女性，幫助她的先生史馬哥完成時裝秀。女性也常是鞏固家庭關係、展現對香港強烈認同的關鍵角色，如翠翠在《香江花月夜》的角色身分。然而在《大盜歌王》裡，潘因一連串鑽石竊盜案而成為警察懷疑的對象時，他則是自行解決問題：他運用智慧向包探長探問出該起竊案的消息，並發現有人利用模仿他之前犯案的手法企圖嫁禍於他。潘聯絡了他的好友王國際，並認識了香港最有錢的富婆方達玲（何莉莉飾演），試圖抓住真正的犯人。在史馬山導演的《椰林春戀》中，林沖也擔綱飾演男主角——平建人。該片劇情主要關於平建人在思考他真正想做的職業。建人在海外完成他的學業後，他的雙親想要他繼承父親的工廠，但建人則主張他熱愛唱歌並想要開創自己的事業。建人勇敢地離開家，並得到他女友的幫助，找到一份喜愛的導遊工作。電影簡單的劇情主要環繞在建人如何找到人生方向，以及在工作與興趣、家庭與獨立之間保持平衡。女性主角們僅作為輔助性的角色。

邵氏一九六〇年代後期的國語歌舞片中，男性主角除了作為推動劇情的主要角色之外，也取代女明星成為影片中聚焦的主要歌舞表演者。在《大盜歌王》之前，邵氏的歌舞片中皆以女性主角作為主要表演者，呈現色彩繽紛的服裝及華美的編舞。儘管像陳厚這位能歌善舞的優秀演員，在他主演的許多歌舞片中，歌舞場景裡扮演的多半是輔助型的角色。例如，在《千嬌百媚》中，陳厚僅有在需要與蘭蘭（林黛飾演）雙人表演時——例如演出鬥牛舞及孟姜女曲目時——才會站上舞台表演。儘管陳厚在《香江花月夜》裡也有演唱的片段，但大部分的歌舞曲目仍是由李菁飾演的小萍與舞群演出。但到了《大盜歌王》及《椰林春戀》，林沖則是唯一在片中表演歌舞的角色，他不僅有在舞台上的演出，也獻唱片中幾首插曲。

邵氏的新歌舞片特意強調男性角色的才華及魅力並非偶然，這顯現了邵氏兄弟積極地應對觀眾逐漸改變的口味。當時武俠片及動作片這類以男性中心的電影類型開始大受歡迎。軟性的歌舞類型電影因此也加入動作片及懸疑片的元素來吸引觀眾。以井上梅次導演的《釣金龜》為例，這是一部描述年輕世代追逐夢想及愛情的歌舞片。先前的歌舞片中，主角通常在追求自我實現與家庭或現實羈絆的矛盾中掙扎，《釣金龜》的劇情主軸則大不相同。這部片的劇情主要是三個歌舞團女演員為追求夢想而到台灣、日本及泰國的巡迴表演，卻意外地涉入一樁珠寶走私案件。片中的飛車追逐場景及偵探片的懸疑感，都是早期歌舞片中前所未見的。在這些邵氏的歌舞片中，觀眾可見當代間諜片或黑幫電影中常出現的街頭駕車追擊場面，感受類似的速度與刺激感。《大盜歌王》中也有這類場景：快節奏的背景音樂伴隨強烈的音效，還有從黑暗角落中突然現身的對手，都讓觀眾聯想到同時期流行的動作電影，如〇〇七系列影片（香港稱為「詹士幫」動作片）。這些歌舞片類型的轉變清楚地顯示邵氏兄弟亟欲回應這些最受歡迎的男性中心類型電影風潮。

在一九六〇年代後期，林沖主演了邵氏公司的新型歌舞片電影如《大盜歌王》及《椰林春戀》，取代陳厚一舉成為邵氏國語歌舞片中新崛起的男主角。在沒有地位相當的女星出演的情況下，林沖的角色在兩部片中皆為劇中複雜關係中的核心。林沖健壯的體格、相比陳厚更顯粗礦及狂野的容貌，令人容易將他與動作電影中的英雄聯想在一起。但林沖敏捷的動作及溫雅的氣質亦使他成為邵氏歌舞電影主角的不二人選。

在一九五〇至一九六〇年代間，陳厚為邵氏歌舞片中最受歡迎的男明星之一。他具有溫文儒雅的形象及瀟灑的談吐與幽默感，讓他廣受觀眾喜愛。在片中他也常飾演聰明及才華洋溢的角色，甚或帶點花花公子的形象而吸引著其他女子。林沖同樣也如陳厚一般風度翩翩，例如在《椰林春戀》之中，他的角色極具耐心地在旅途中向片中的女學生及老師導覽任何細節。

然而與陳厚略為不同的是，林沖擁有陳厚欠缺的陽剛氣質，使他能演出如在《大盜歌王》中的打鬥場景。此外，在早期的邵氏國語歌舞片中，不管陳厚在劇中的角色職業為何，他最常出現的裝扮多半是西裝或至少是襯衫，進而強調他受過良好教育及舉止得體的形象。相反的，林沖在歌舞劇中則是常穿著亮色的輕便服飾，例如休閒服或運動服。相較之下，林沖符合時下流行的穿著使他的英雄形象更貼近現實。

林沖與陳厚及其他先前的歌舞片中的男明星另一個更顯著的不同，在於他的「性感」常被強調，劇中也有展現林沖身體的場景。以《椰林春戀》為例，就有一幕是林沖脫掉上衣一躍而入自家的泳池，純然是為了展現林沖的身材。某種程度上，林沖作為邵氏將要捧紅的歌舞片新星，與之比擬的對象除了陳厚，更有王羽及狄龍這些動作片的明星。而林沖身上雜揉陳厚的陰柔氣質及動作片英雄的陽剛特質，顯示了邵氏兄弟想同時取悅現有歌舞片觀眾及新興武俠及間諜片的觀眾的口味的企圖。

林沖的角色形象在一九六〇年代後期的歌舞片中展現了邵氏國語歌舞片轉型為一更加陽剛的類型。具有多國血統（日本及台灣）及多項才能（歌手、舞者及演員）的林沖，儼然就是面臨轉折時期的香港電影中，邵氏國語歌舞片男主角的最佳首選。林沖出生於台灣，在年輕時就曾經學習舞蹈，之後更赴日本就讀日本大學藝術學部演劇學科學習演戲。當時東寶株式會社的一名劇作家菊田一夫（Kazuo Kikuta）對林沖的表演天賦相當驚喜，並引薦他表演舞台劇。在一九六〇年代初期，林沖因此在日本獲得受訓並成為一名演員及歌手的機會。直到一九六八年他到香港表演，他能歌善舞的翩翩風采使他旋即成為一位明星。邵氏兄弟也乘機迅速的與他簽署二年的合約。

為能發揮林沖的才華並把握他的人氣從中獲利，以暴力血腥動作電影《獨臂刀》聞名的張徹導演，令林沖主演他的另一部電影《大盜歌王》並寫了暢銷歌曲〈鑽石〉讓林沖在片中獻唱。在先前的歌舞電影中，歌舞的場景絕大多數強調歡愉的氛圍，並利用閃亮的服飾及色彩豐富的布景映襯；《大盜歌王》則是多聚焦在林沖跳舞或拳打腳踢時的矯健身手。在劇中，林沖同時身為一名大盜及表演者，他的打鬥及舞蹈場景巧妙的融合形成一種新的動態感。然而，這些在廢棄的攝影棚內呈現的打鬥場景展現了「暴力」不再如同《西城故事》中利用大量編排的歌舞呈現，而是融入刀光劍影及槍戰，更加提升林沖「歌舞－動作片英雄」的形象。

邵氏兄弟選擇林沖作為一九六〇年代後期國語歌舞片的男明星的另一個理由，則是因為他多國的背景及帶有異國風情的相貌。林沖有二分之一的日本血統（他的母親為日本人），而他精緻的混血長相在同期的明星中甚為少見。而他的日本－台灣混血身分更加體現在他說中文時的獨特口音之中。《大盜歌王》裡，對白是配音，因此是標準的國語，但是歌曲部分就是他本人的聲音。〈鑽石〉這首一炮而紅的主題歌曲，林沖唱出來的東洋口音就十分突出，不論是「康乃馨」或「珠寶盜身手高」，他的發音都與國語有明顯的差別。林沖在香港的演員之中口音「怪」得獨特，讓他主演一部像《大盜歌王》這樣混雜不同電影類型的「怪怪」歌舞片，正好帶來相得益彰的效果。

《大盜歌王》片中有令人印象深刻的一個畫面，是林沖飾演的角色潘被投影在一個大螢幕上，也展示了邵氏兄弟想要利用林沖充滿異國風情的特色做為賣點。當投影片在背景持續撥放的同時，方達玲（何莉莉飾演）一邊對林沖的相貌、姿勢、歌聲做出評論，引導觀眾注意林沖的魅力。在先前的邵氏歌舞電影中，為了聲音錄製的便利性，歌唱幾乎都是事先預錄處理。而一九六〇年代的歌舞片大多是由靜婷及江宏分別為劇中女性及男性角色的歌唱配音——除了由專業歌手如顧媚所主演的《小雲雀》則另當別論。在這之中，林沖獨特的發音更顯得突出及真實。

除此之外，很明顯的邵氏兄弟也想要刻意將林沖打造為東方的貓王——艾爾維斯・普雷斯利（Elvis Presley）。林沖唱歌時微噘的嘴唇、誇張的姿勢，以及他偏長微捲的髮型都讓觀眾能輕易聯想到貓王。《椰林春戀》中的一幕也許能讓觀眾想起貓王在他首部主演的歌舞電影《浪子歌王》（1958）的歌唱場景。在兩部電影中的歌唱場景，林沖和貓王皆站在一個高台上，由後方的樂團伴奏，透過低角度的前鏡頭強調兩人歌唱時的身體律動及個人魅力。林沖時而迴避鏡頭的迷人雙眼及伸展的雙臂都可見到貓王的身影。如同電影評論家粟子提出的：

> 「邵氏」有意讓林沖的銀幕形象趨向貓王Elvis Presley，尤其是他誇張的耍帥招式。企圖在日籍導演史馬山（本名島耕二）執導的《椰林春戀》最是明顯，劇情全然脫胎自貓王主演的《Blue Hawaii》（1961），譬如：林沖對開車的何莉莉唱〈不變的情〉，貓王同樣對駕跑車的女主角唱〈Always true to you〉；歐陽莎菲飾演的母親角色，無微不至愛護兒子的喜感，和《Blue Hawaii》異曲同工；男主角都為唱歌毅然拋

棄萬貫家產，自食其力當導遊。

粟子指出的兩個駕車場景皆利用建立鏡頭呈現車子駛過寬廣的道路及異國的風景。林沖所飾演的角色形象與香港境外開放且寬廣的空間作連結，產生一種奔放及熱情的感覺。此外，透過模仿貓王在歌舞片中的場景和螢幕形象更加深電影中的國際性。林沖身上混合日本、台灣、以及西方文化的形象，使他成為邵氏在一九六〇年代後期歌舞片中最適合的主角人選，也呼應了當代香港正面臨一個轉型為更加繁榮、現代及國際化的時空背景。

邵氏一九六〇年代後期的國語歌舞片轉型強調男性主要角色，並融合動作片或間諜片的劇情或經典場景。這些歌舞片中的轉變，顯示了邵氏試圖透過先前歌舞片中所沒有的陽剛及刺激的世界，來展現其對於混亂社會的關注，及企圖對於壓抑的香港社會做出回應。這些六〇年代後期的歌舞片使觀眾能透過浪漫且帶懸疑的劇情、歌舞兼具打鬥的場景、文雅又帶點狂野的男性主角，來釋放他們的憤怒、壓抑及痛苦。

此外邵氏也意圖要吸引那些喜愛好萊塢熱門類型電影如犯罪片及間諜片，或是受新興的武俠電影吸引的目標觀眾。同時，香港社會在經歷六七暴動後殖民政府的支援及重建，正在轉型成為一個國際化的城市。邵氏也在歌舞電影中融入了東南亞國家的異國風光及景致，藉此回應香港逐漸成為一個國際大都會的轉變過程。而這些歌舞片同樣也滿足香港人民在這經濟復甦的時代中，對於離開、打破現況、汲取更多資訊及娛樂的種種渴望。邵氏一九六〇年代晚期的歌舞片的拼貼風格十足展現了其對於變動中的當代社會的敏感度，以及對於自身所處的電影產業、目標觀眾及社會現況等多重層面的深思遠慮。

（本文出自作者的碩士論文Dancing with the Society: Shaw Brothers' Mandarin Musicals in the 1960s，由作者節錄翻譯。）

附錄二

林沖港台演出作品列表

電影

時間	作品名稱	導演	發行	演出者	備註
1956	《黃帝子孫》【國語／台語】	白克	台製	戴綺霞、趙森海、林錫憲（林沖）、洪芳、鍾瑛	未上映【政策片】
1958	《鬼湖》【台語】	郭南宏	冠洲	江城、黃茵、林錫憲（林沖）、王俠	客串演出
1959	《黑貓與黑狗》【台語】	陳安瀾	新台灣	林沖、白虹、矮仔財（張福財）、鍾瑛	
1959	《第一特獎》【台語】	楊一笑	國都	白蘭、林沖、邵關二（邵耀輝）、方紫	
1959	《可憐的媳婦》【台語】	陳文敏	大明	白蓉、賴德南、林沖、文玲	

1959	《結婚五年後》【台語】	孫俠、蔡萬枝	好萊塢	林沖、陳淑芳、傅清華、麗玲	
1959	《招財進寶》【台語】	李樹	大象	林沖、陳淑芳、韓楓、小童	
1959	《查某愛吃醋》【廈語】	畢虎、胡同	金都	白蘭、林沖、王清河、黎明	
1959	《阿母迫我嫁》【廈語】	畢虎	金都	白蘭、黃英、林沖、胡同	別名《窮人娶水某》
1959	《恩愛小夫妻》【廈語】		利昌	白蘭、林沖	
1960	《虎姑婆》【台語】	張英	遠大	張麗娜、蘇麗華、林沖、陳芬蘭	
1960	《荳蔻春怨》【國語】	張英	中影	林沖、黃曼	別名《春愁》 *首度擔任國語片主角
1960	《五月之戀》【國語】	白克	台製	林錫憲（林沖）、夏琴心	未上映 【政策片】 *內容為介紹退役軍人開鑿橫貫公路

1967	《危險人物》【國語】	袁秋楓	國泰	夷光、趙雷、林沖、莫愁	客串演出，與夷光合跳「野人舞」
1969	《大盜歌王》【國語】	張徹	邵氏	林沖、何莉莉、林嘉、羅烈	
1969	《青春萬歲》【國語】	井上梅次	邵氏	林沖、丁珮、趙心妍、高岑	
1969	《椰林春戀》【國語】	史馬山（島耕二）	邵氏	林沖、何莉莉、林嘉、歐陽菲菲	
1971	《愛娣》（Ai Tui）【泰語】	Dokdin Kanyamarn	泰國	密差拉（Petchara Chao-warat）、林沖、松寶（Sombat Metanee）	港泰合資
1972	《雨絲》【泰語】		泰國	密差拉、林沖	港泰合資
1974	《太平山下》【粵語】	吳回	雷鳴	李添勝、羅蘭、尤芷韻、鄭君綿、林沖	客串演出
1975	《女朋友》【國語】	白景瑞	第一影業	蕭芳芳、秦祥林、林青霞、林沖	客串演出

1983	《玄天上帝》【國語】	吳春萬	金海	劉德凱、司馬玉嬌、鄧珏人、林沖	客串演出 別名《仙拼仙》
1983	《花樣百出》【國語】	陳浩	邵氏	周丹薇、柯受良、曹健、林沖	客串演出
1993	《中國女公安》（又名《女子公安》）	黃國權	馬可孛羅	林沖、雪梨、沈威、林威、狄威、龍方	港陸合資
2019	《奇蹟十三》	劉順安	創世	張文慈、郭峰、楊英偉、林沖	客串演出

電視劇／綜藝節目

時間	作品名稱	作品性質	播放頻道	備註
1976	《愛的故事》	連續劇	華視	
1977	《青春三兄弟》	連續劇	華視	
1977	《青春曲》	綜藝節目	華視	主持
2012	《罪美麗》	連續劇	台視	客串

註：電影資料來源主要為國家電影中心及香港電影資料館。

附錄三

林沖出版唱片列表

唱片

年份	專輯名稱	收錄歌曲	發行	備註
1964	《香港旅情》 【日語】	〈香港旅情〉 〈東京夜來香〉 （東京の夜来香）	日本哥倫比亞 （日本コロムビア）	日本哥倫比亞共出過四張唱片
1964-65	《蹦打拉蹦打》 （ポンカラ節） 【日語】	〈蹦打拉蹦打〉	日本皇冠 （日本クラウン）	日本皇冠共錄製兩張唱片，母帶仍存但均未發行
1968	《故鄉之歌》 【國語】	〈山地情歌〉 〈阿哥哥（アゴーゴ）〉 （日語） 〈蹦打拉蹦打〉（日語） 〈心恋〉 〈高山青〉 〈故鄉之歌〉 〈苦酒滿杯〉 〈甜蜜的夢鄉〉 〈愛河夜曲〉 〈你對我有情意〉	四海唱片 （台灣）	

1969	《故鄉之歌／香港旅情》【國語】	〈山地情歌〉 〈阿哥哥（アゴーゴ）〉（日語） 〈蹦打拉蹦打〉（日語） 〈心恋〉 〈高山青〉 〈故鄉之歌〉 〈香港旅情〉 〈甜蜜的夢鄉〉 〈愛河夜曲〉 〈你對我有情意〉	四海唱片	海外版
1969	《香港旅情》【國語】	〈香港旅情〉 〈香港慕情〉 〈甜蜜的夢鄉〉	四海唱片	海外版
1969	《故鄉之歌》【國語】	〈故鄉之歌〉 〈阿哥哥〉 〈山地情歌〉 〈阿里山姑娘〉	四海唱片	海外版
1969	《邵氏大盜歌王電影原聲帶》【國語】	〈鑽石〉 〈大盜〉 〈康乃馨〉 〈我愛你darling〉 〈大盜歌王〉	娛樂唱片（香港）	

1969	《邵氏青春萬歲電影原聲帶》 【國語】	〈唱唱唱〉 〈你不仁我不義〉 〈奇妙的三島〉 〈青春萬歲〉 〈誰偷了我的心〉 〈青春舞曲〉 〈你從天上來〉 〈愛情神聖〉 〈唱唱跳跳多輕鬆〉	娛樂唱片 （香港）	
1970	《夢裡情人》 【國語】	〈美麗的香港〉 〈如果你需要愛〉 〈我愛唱的一首歌〉 〈愛情那裡來〉 〈何必當初遇見你〉 〈究竟愛不愛〉 〈故鄉之歌〉 〈我不是〇〇七〉 〈我愛香港〉 〈寂寞〉 〈夢裡情人〉 〈幸福在這裡〉	娛樂唱片 （香港）	
1973	《風狂雨又大》 【國語】	〈愛上你怎麼辦〉 〈狂戀〉 〈一吻難忘〉		

	2007
	《情牽鑽石金曲集》【國語】
〈再會吧！原野〉 〈美好星期天〉 〈相愛到底不分離〉 〈風狂雨又大〉 〈莎麗娜情歌〉 〈人生多有趣〉 〈請你告訴我〉 〈俏姑娘〉 〈只要讓我愛你〉	〈鑽石〉 〈故鄉之歌〉 〈大盜歌王〉 〈幸福在這裡〉 〈愛情那裡來〉 〈我家在那裡〉 〈雨夜訴情〉 〈永恆的回憶〉 〈戀心〉 〈夢的呼喚〉 〈世界像一座彩屋〉 〈只要讓我愛你〉 〈狂戀〉 〈妳別哭我很快就回來〉 〈愛上你怎麼辦〉 〈阿里郎〉（韓國民歌）
海山唱片（台灣）	環星唱片（香港）

附錄四

林沖日本演出作品列表

舞台演出

時間	作品名稱（括號內為日文名）	演出地點	主要演出者
1961.9.1 - 9.24	《香港》（香港）	東京寶塚劇場	李湄、梁素梅、越路吹雪、浜木綿子、林沖、市川團子
1962.3.1 - 4.28	《春之舞》（春の踊り）	日本劇場（東京有樂町）	林沖、陳惠珠、日劇舞蹈隊（日劇ダンシングチーム） *林沖因拍攝東寶電影《香港之星》，途中便退出公演
1962.10.4 - 10.30	《南十字之女》（南十字の女） 《與越路吹雪一起》（越路吹雪とともに）	梅田コマ劇場（大阪）	越路吹雪、林沖、菅原謙次、小泉博、ジェリー伊藤

電視劇

時間	作品名稱（括號內為日文名）	作品性質	播放頻道	備註
1961.10.17	《極東偵探員》（極東特派員）	單元劇	TBS電視台	首度於日本電視劇演出
1961.5.21 - 1963.6.9	《檢事》（検事）	連續劇	富士電視台	第一個簽下長期合作契約的電視劇演出。該劇主角為宇津井健，編劇為林沖恩師猪俣勝人
1962. 7.9 - 8.27	《海上微風》（海はそよ風）	連續劇	NHK電視台	與NHK當家女星小林千登勢一同主演
1962.8.26 - 1962.12.30	《國際搜查指令》（国際捜査指令）	連續劇	NETTV（現・朝日電視台）	
1962.11.26-1963.12.16	*《夫婦百景》（夫婦百景）	單元劇	NTV（日本電視台）	*演出集數為： 第二三八集（1962.11.26） 〈意外的夫婦〉 （あて外れ夫婦） 第二七九集（1963.9.9） 〈男女平等〉 （男尊女尊） 第二九二集（1963.12.16） 〈精采的半人份〉 （素敵な半人前）

1962.10.16-1963.3.26	*《加油！！大作》（がんばれ!!大作）	連續劇	NETTV（現・朝日電視台）	首次演出日本人角色 *演出時間約為一九六三年
1961.4.9-1964.12.28	*《青年的季節》（若い季節）	連續劇	NHK綜合台（NHK総合テレビ）	是音樂劇風格的喜劇，演員多為當時新生代歌星 *演出其中一集，時間約為一九六三年四月
1963.6.16-1963.10.27	《全員下降》（全員降下せよ）	連續劇	富士電視台	
1963.6.26	*《鐵路公安36號》（鉄道公安36号）	連續劇	NETTV（現・朝日電視台）	*演出集數為第四集〈微小的善意〉（小さな善意）
1963.10.4-1964.3.27	《孤獨的賭注》（孤独の賭け）	連續劇	NETTV（現・朝日電視台）	女主角為小川真由美 林沖在裡面飾演一個美日混血的企業家
1963.10.10-1964.4.9	*《禁止回轉》（Uターン禁止）	連續劇	富士電視台	*根據林沖本人說法，此劇參與者除了編劇外，幾乎可以說是《檢事》的原班人馬，包括導演跟演員在內

1963.10.29	*《戰友》（戦友）	連續劇	NETTV（現・朝日電視台）	*演出集數為第五集〈橫跨敵陣〉（敵中横断）
1964.7.13	*《星期一之男》（月曜日の男）	連續劇	TBS電視台	*演出集數為第一五七集〈某個奇怪的宴會〉（ある奇怪なパーティー）
1967.4.17-1967.4.21	*《是你的話要怎麼辦：美麗的變貌》（あなたならどうする：美しき変貌）	連續劇	TBS電視台	*此為TBS電視台「人生諮詢電視劇」（人生相談ドラマ）系列《是你的話要怎麼辦》的第三集，由東寶製作，主演為水野久美

電視綜藝節目

時間	作品名稱（括號內為日文名）	作品性質	播放頻道	備註
1961.9	*《香港之戀》（香港の恋）	綜藝	NETTV（現・朝日電視台）	*《香港之戀》為節目內單元的題名，但節目本身的名稱不明

1962 - 1964	《明星一千零一夜》（スター千一夜）	談話性	富士電視台	至少上過兩次並表演槍舞
1962 - 1964	《比手畫腳》（ジェスチャー）	益智猜謎	NHK電視台	平均一個月就上一集，出場次數相當多
1964.1.1	《紅白家庭遊戲》（紅白家庭ゲーム）	綜藝	NHK電視台	為新年一月一日播出的節目
1970年代	《愛情時間》（ラブラブショー）	談話性	富士電視台	總共上過三次 第一次：與山本リンダ（美日混血明星）同台 第二次：與歐陽菲菲同台 第三次：與日本演歌歌手安倍里葎子（舊名安倍律子）同台，主題是日本演歌
1971-1975	《正午時間》（ハイヌーンショー）	綜藝	富士電視台	與共演NHK連續劇《海上微風》的小林千登勢重逢

電影

時間	作品名稱（括號內為日文名稱）	導演	發行	演出者
*1962	《積亂雲》（積乱雲）	猪俣勝人	未上映	穆虹、林沖、陳惠珠 *製作時間約為一九六二年
1962.1.3	《兩代和尚》（大吉ぽんのう鏡）	猪俣勝人	大寶	龍崎一郎、寺內大吉、林沖、陳惠珠 *母片下落不明
1962.7.14	《香港之星》（香港の星）	千葉泰樹	東寶／電懋	尤敏、寶田明、林沖
1962.10.20	《山貓作戰》（やま猫作戦）	谷口千吉	東寶	佐藤允、林沖、水野久美
1963.6.30	《香港、東京、夏威夷》（ホノルル・東京・香港）	千葉泰樹	東寶／電懋	尤敏、寶田明、加山雄三、林沖

1963.12.22	《香港瘋狂作戰》（香港クレージー作戦）	杉江敏男	東寶	浜美枝、林沖
1965.8.25	《戰地之歌》（戦場にながれる歌）	松山善三	東寶	林沖、張美瑤

廣播節目

時間	作品名稱（括號內為日文名）	作品性質	播放頻道	備註
1961年底	《晚安，我是林沖》（こんばんは、僕、林沖）	談話性 音樂性	日本放送	介紹台灣當時的流行音樂

國家圖書館出版品預行編目（CIP）資料

我的鑽石人生：林沖回憶錄 / 林沖口述；吳思薇, 王善卿作.
-- 初版. -- 桃園市：國立中央大學出版中心出版；
台北市：遠流出版事業股份有限公司發行, 2021.01
面；　公分
ISBN 978-986-5659-38-7（平裝）

1. 林沖　2. 回憶錄

783.3886　　　　109021365

我的鑽石人生：林沖回憶錄

口述——林沖
作者——吳思薇、王善卿
策畫主編——林文淇
執行編輯——王怡靜
內頁設計——陳春惠

出版單位——國立中央大學出版中心
桃園市中壢區中大路300號
遠流出版事業股份有限公司
台北市南昌路二段81號6樓
贊助單位——中華民國文化部

展售處／發行單位——遠流出版事業股份有限公司
地址——台北市南昌路二段81號6樓
電話——(02) 23926899　傳真——(02) 23926658
劃撥帳號——0189456-1

著作權顧問——蕭雄淋律師
2021年3月 初版一刷
售價——新台幣400元
如有缺頁或破損，請寄回更換

ISBN 978-986-5659-38-7（平裝）
GPN 1011000274
遠流博識網 http://www.ylib.com E-mail: ylib@ylib.com